第18卷，第1辑，2019年　　Vol.18, No.1, 2019

Accounting Forum
会计论坛

中南财经政法大学会计研究所　编

Accounting Institute
Zhongnan University of Economics and Law

中国财经出版传媒集团
中国财政经济出版社

图书在版编目（CIP）数据

会计论坛.2019年.第1辑／中南财经政法大学会计研究所编.—北京：中国财政经济出版社，2019.7

ISBN 978-7-5095-9060-7

Ⅰ.①会… Ⅱ.①中… Ⅲ.①会计学-文集 Ⅳ.①F230-53

中国版本图书馆 CIP 数据核字（2019）第115110号

责任编辑：马　真　　　　封面设计：赤　羽
版式设计：赤　羽

中国财政经济出版社　出版

URL：http://www.cfeph.cn
E-mail：cfeph@cfemg.cn

（版权所有　翻印必究）

社址：北京市海淀区阜成路甲28号　邮政编码：100142
营销中心电话：010-88191537
中煤（北京）印务有限公司印装　各地新华书店经销
787×1092毫米　16开　9.75印张　189 000字
2019年8月第1版　2019年8月北京第1次印刷
定价：49.00元
ISBN 978-7-5095-9060-7
（图书出现印装问题，本社负责调换）
本社质量投诉电话：010-88190744
打击盗版举报热线：010-88191661　QQ：2242791300

会 计 论 坛
Accounting Forum

第 18 卷，第 1 辑，2019 年
Vol. 18, No. 1, 2019

（总第 35 辑）

中南财经政法大学会计研究所 编
Accounting Institute
Zhongnan University of Economics and Law

编　　辑：	《会计论坛》编辑部
电　　话：	(027) 88386078
传　　真：	(027) 88386515
电子邮箱：	kjltzuel@foxmail.com
通讯地址：	中国・武汉市・东湖高新技术开发区南湖大道 182 号中南财经政法大学会计学院文泉楼南 607 室
邮政编码：	430073

本辑责任编辑： 李燕媛

顾　问（按姓氏拼音字母顺序排序）
陈毓圭　冯淑萍　高一斌
郭复初　王松年　吴联生
于玉林　于增彪

编委会
主　任：郭道扬
副主任：张龙平　张志宏　王雄元
委　员：郭道扬　罗　飞　张龙平
　　　　唐国平　张敦力　王雄元
　　　　张志宏　王　华　郭　飞
　　　　王昌锐　张　琦　冉明东
　　　　何威风　詹　雷

编辑部
主　任：李燕媛
编　辑：康　均　冉明东　吕敏康

目 录

社会网络中心性与公司捐赠 /3
  陈胜蓝 尹 莹 高蕊雯

政策不确定性与企业环境表现 /23
  吴昊旻 王 杰

审计意见与异常应计的关系机理：基于流动资产减值动因的分析 /42
  曾雪云

国家审计、媒体监督与政府行政成本 /64
  廖义刚 龚循扬

股权质押与会计稳健性 /81
  于李胜 郑天宇 余阳洋 庄 婕

大股东股权质押与公司投资效率 /95
  李 伟 张钰婧 程 铖

扩张性财政政策、公司治理与企业价值 /116
  林 芳 杨海燕

权力约束、产权保护与会计舞弊治理演进 /137
  王遂昆

CONTENTS

Social Network Centrality and Corporate Donation /3
    Shenglan Chen, Ying Yin, Ruiwen Gao

Policy Uncertainty and Corporate Environmental Performance /23
    Haomin Wu, Jie Wang

Audit Opinions and Abnormal accruals: Based on the Motivation of the Current Assets Impairment /42
    Xueyun Zeng

State Audit, Media Supervision and Government Administrative Cost /64
    Yigang Liao, Xunyang Gong

Stock Pledge and the Accounting Conservatism /81
    Lisheng Yu, Tianyu Zheng, Yangyang Yu, Jie Zhuang

Stock Pledge of Large Shareholder and Inefficient Investment /95
    Wei Li, Yujing Zhang, Cheng Cheng

Expansionary Fiscal Policy, Corporate Governance and Corporate Value /116
    Fang Lin, Haiyan Yang

Power Constraint, Property Protection and the Evolution of Accounting Fraud Governance /137
    Suikun Wang

社会网络中心性与公司捐赠*

陈胜蓝 尹 莹 高蕊雯

【摘　要】 以往关于公司捐赠的研究主要从单个公司的角度研究捐赠的影响因素，忽略了公司间的互动促进相关价值信息传递如何影响公司捐赠。社会网络理论表明，公司之间的社会网络是重要的信息传递渠道，对公司决策产生重要影响。本文以 2008—2016 年上市公司为研究样本，基于高管和董事兼职关系构建一个新的公司网络中心性面板数据集，考察网络中心性对公司捐赠的影响。实证结果表明网络中心性越高，公司捐赠水平越高。本文运用准自然实验方法和工具变量方法缓解内生性问题，结果依然稳健。横截面差异的检验结果表明网络中心性对公司捐赠的影响在市场地位低、市场化程度低的公司中显著更强。研究结果对于理解公司捐赠的决策制定具有参考价值。

【关键词】 社会网络；网络中心性；公司捐赠；准自然实验

收稿日期：2019 - 02 - 15
基金项目：国家自然科学基金项目（71572087）；内蒙古自然科学基金项目（2018MS07014）
作者简介：陈胜蓝，男，博士，内蒙古大学经济管理学院教授，chen_shenglan@126.com；尹莹，女，内蒙古大学经济管理学院硕士研究生；高蕊雯，女，内蒙古大学经济管理学院硕士研究生。
* 作者感谢审稿人对本文的宝贵意见，但文责自负。

一、引言

《中国慈善发展报告（2017）》统计结果显示，来自公司的捐赠共计963.34亿元，占捐赠总额的64.23%。捐赠不仅是公司履行企业社会责任的重要组成部分，而且可以作为公司改善声誉并与利益相关者建立良好关系的战略决策（Chen 等，2018）。已有研究表明，公司内部和外部因素都可能影响公司捐赠，如公司广告战略、管理层特征、公司资源和制度环境等（Navarro，1988；Waddock 和 Graves，1997；Brown 等，2006；Bose 等，2017）。然而，这些研究主要从单个公司的角度研究公司捐赠的影响因素，忽略了公司间的互动促进相关价值信息传递如何影响公司捐赠。

社会网络理论认为，所有行动者的经济行为是镶嵌在社会网络中的（Granovetter，1985）。公司的行为是在社会网络的互动过程中决定的。公司之间的社会网络是重要的信息传递渠道，影响着公司间的实践扩散（Davis 和 Greve，1997）。而公司在社会网络中的位置在一定程度上决定了公司所面临的约束和机遇，这些约束和机遇会影响公司的信息收集、战略选择、风险承担和对稀缺资源的利用。例如，Chuluun 等（2017）考察社会网络对公司创新的影响，结果发现社会网络有助于知识和信息的传递，使公司及时掌握技术前沿及其发展动向等相关信息，进而提高公司的创新水平。

本文关注公司在社会网络中的位置如何影响公司捐赠。从信息获取来说，公司在社会网络中的位置越高，节约了获取捐赠相关价值信息的成本，改善了获取的捐赠相关价值信息质量（Akbas 等，2016）。从信息传递来说，公司在社会网络中的位置越高，更容易传递决策信息（Fogel 等，2018）。在社会网络中的位置高的公司，决策信息可以更快地传播到其他公司（Davis 和 Greve，1997），其他公司为了提高声誉和与利益相关者建立更好的关系，利用得到的信息进行捐赠，进而扩大了捐赠活动的影响力。本文预期公司在社会网络中的位置越高，公司捐赠水平越高。

依据社会网络分析方法（Bonacich，1972；Freeman，1977），本文使用网络中心性衡量公司在社会网络中的位置。基于中国上市公司2008—2016年的年度数据，本文使用上市公司高管和董事兼职关系构建一个新的网络中心性面板数据集，主要包括度中心性和特征向量中心性。这两个变量分别反映公司在社会网络中的位置差异带来的信息多少及重要性差异（Larcker 等，2013）。同时，本文使用捐赠金额来衡量公司捐赠水平，旨在考察网络中心性和公司捐赠之间的关系。与预期一致，研究结果表明网络中心性越高，公司捐赠水平越高。具体而言，度中心性增加一个标准差时，公司捐赠会增加32.4%；特征向量中心性增加一个标准差时，公司捐赠增加28.0%。

为了考察公司的网络中心性对公司捐赠影响的作用条件，本文检验二者关系在公司市场地位和公司所在地区市场化水平的横截面差异。首先，市场地位高的公司可以凭借自身的地位获得捐赠信息，公司社会网络就属于低自主性社会网络。但是，市场地位较低的公司不能通过自身的固有地位来取得显著优于其他公司的信息，公司社会网络的自主性更强（陈运森，2015）。其次，转型经济体通常缺乏足够的市场机构，公司经营者被迫通过建立各种网络关系以实现获取信息、解释规则和执行合约等基本功能，在一个正式制度较为弱化的环境下，非正式制度将扮演更为重要的角色（Peng 和 Luo，2000）。现阶段中国的资本市场正式制度还不够完善，不同地区的市场化发展速度和水平差距较大。可以预期，相比在市场化程度高的地区，社会网络的作用在市场化程度低的地区更为明显（左晓宁和孙谦，2018）。与预期一致，研究结果表明网络中心性对公司捐赠的影响在市场地位低以及市场化程度低地区的公司中显著更强。

本文的基本结果可能存在内生性问题。第一，反向因果问题。例如，公司捐赠越多，越能传递出公司运营良好的信号，吸引其他公司的注意力，高管和董事的声誉提高，高管和董事得到更多公司兼职，使得网络中心性提高。第二，缺失变量问题。例如，难以观测的公司质量特征或者高管特征导致网络中心性和公司捐赠都比较高。为了缓解内生性问题带来的干扰，首先，本文使用准自然实验的方法，运用2013年中组部发布的18号文件产生的外生性冲击，实证检验独立董事辞职造成的网络中心性减少对公司捐赠的影响。其次，一个地区公司数量越多，越容易发生社会互动，也更容易形成社会网络（Teo，2009）。本文使用在同一个省内所有上市公司的数量作为网络中心性的工具变量来缓解内生性问题。本文还使用实际网络中心性与影响网络中心性因素的残差来代替网络中心性进行稳健性检验。本文还更换了解释变量的度量方法进行稳健性检验。本文的基本结果保持不变，进一步加强了本文的因果推断。

本文的主要贡献在以下两个方面：第一，通过研究公司社会网络的信息传递作用如何影响公司捐赠水平为研究公司捐赠动机提供新视角。在商业竞争日益激烈的时代，公司捐赠作为企业社会责任的一部分，正成为公司提高声誉和获取财务利益的重要实践（Gardberg 和 Fombrun，2006；Wang 和 Bansal，2012）。现有关于捐赠的研究更多地侧重从单个公司角度来研究捐赠的影响因素，而对公司间的相关价值信息传递如何影响公司捐赠水平缺乏深入研究。基于社会网络视角，本文研究网络中心性不同带来的信息差异如何影响公司捐赠行为，结果发现公司通过社会网络的信息传递会促进公司捐赠。

第二，本文结合中国制度背景，分析社会网络与公司捐赠之间的关系及作用机制，进一步深化了社会网络理论。社会网络中的关键问题之一是社会网络如何影响个体的经济行为（Granovetter，1985）。已有的研究表明社会网络具有信息传递的作用并影响公司之间的行为，例如，从之前的"毒丸计划"的扩散（Davis，1991）和组织结构的采用（Palmer 等，1993），到最近的创新决策（Chuluun 等，2017）与卖空交易（Cheng 等，2019）等方面。而本文在中国制度背景下，研究社会网络在公司决策中的作用。

本文后续部分安排如下：第二部分进行了相关文献的梳理并提出研究假说；第三部分描述了数据来源和研究设计；第四部分展示了主要的实证结果与分析；最后是研究结论。

二、理论分析和研究假说

早期研究认为，公司的慈善行为主要归因于利他主义，认为公司捐赠是公司高层管理者仁爱和诚信价值观的产物（Choi 和 Wang，2007）。近年来的研究较多采用"战略性捐赠"的观点（Morris 和 Biederman，1985；Ricks 和 Williams，2005），认为公司捐赠是广告的替代品（Schwartz，1968；Wang 和 Qian，2011）。例如，公司捐赠可以帮助公司吸引并保持高素质的员工队伍（Turban 和 Greening，1997），与关键监管机构建立和谐的政治关系（Sanchez，2000），培育客户关系（Dean，2003），形成一个有利的商业环境（Lev 等，2010），减少企业资本约束（Wang 和 Qian，2011），建立社会声誉（Muller 和 Kräussl，2011）等。然而，已有研究主要从单个公司的角度研究公司捐赠的影响因素，忽略了公司之间的相关信息传递如何影响公司捐赠。

社会网络为信息交流提供有效的渠道，能够促进知识、思想或私人信息的传递。例如，在银行贷款的背景下，借款人和贷款人之间的社会网络会使得贷款数额增加、利率降低和限制性契约减少（Engelberg 等，2012）。Cohen 等（2010）发现如果分析师与跟踪公司的高管存在校友关系，分析师的绩效会更好。Larcker 等（2013）则发现网络中心性高的公司可以通过得到更多的信息来获得更高的风险调整股票回报。

对于公司捐赠决策而言，网络中心性高的公司能够通过社会网络获得更多关于捐赠的信息。公司之间的联结为非公共信息的传递提供了机会，有价值的信息是通过或部分通过社会网络传递的（Cai 和 Sevilir，2012；Berkman 等，2017）。网络中心性高的公司能够通过社会网络获得数量较多且丰富多样的信息（Chuluun 等，2017），例如，符合利益相关者需求等相关捐赠的信息。公司能洞悉捐赠活动的发展方向，了解竞争对手的捐赠活动，并及时掌握捐赠带来的战略优势。出于提高声誉、与利益相关者建立更好的关系、获取资源等战略需求，公司具有提高捐赠水平的动机。

网络中心性高的公司通过更快地传播信息扩大捐赠的影响力。在社会网络背景中，网络中心性越高的公司，拥有越多资源交换的渠道，获得更有价值的信息（Larcker 等，2013）。网络中心性高的公司，其信息可以通过社会网络更快地传播到其他公司

(Davis 和 Greve，1997）。其他公司为了提高声誉和与利益相关者建立更好的关系，在得到这些信息后更容易模仿网络中心性高的公司的决策，使得联结公司行为表现出趋同性和一致性（Liu，2010）。当公司与具有相似组织或战略特征的其他公司联结在一起时，社会网络中相似的公司会采用相同的战略决策，这就会放大战略的扩散（Davis 和 Greve，1997；Brass 等，2004）。为了扩大捐赠的影响力，网络中心性高的公司有动机进一步提高捐赠水平，通过社会网络的信息传播吸引其他公司采用跟进战略。基于上述观点，本文提出研究假设：

H：其他条件不变，网络中心性越高，公司捐赠水平越高。

三、研究方法设计

（一）样本选择和数据来源

本文选择 2008—2016 年为样本期间，在剔除金融行业公司、公司高管和董事资料缺失样本，以及其他财务和公司治理数据缺失的样本后，共获得 9 年的 9044 个观测值。本文数据来源于深圳国泰安信息技术有限公司（CSMAR）。其中，根据 CSMAR 数据库中上市公司高管和董事兼职关系构建一个新的公司网络中心性面板数据集。公司捐赠数据来源于 CSMAR 数据库中上市公司财务报表附注"营业外收入或支出"中的"捐赠支出"。为避免极端值对结果的影响，本文对所有连续的解释变量都在 1% 和 99% 分位数上实施缩尾处理（Winsorize）。每个回归都使用对公司"聚类（Cluster）"的处理来纠正系数估计值的标准误。

（二）模型设定和变量定义

1. 关键变量计算。在社会网络中，个体（节点）和它们之间的联结（线）形成了社会网络。个体在社会网络中的位置不是随机的（Jackson 和 Rogers，2007），位置越高可以更有效地接触到其他个体。因此，社会网络中的个体有更多的渠道得到信息（El - Khatib 等，2015）。网络中心性是衡量个体在社会网络中的位置的指标，能够衡量个体获取信息、指挥其他个体和影响经济决策的能力（Padgett 和 Ansell，1993）。本文主要采用度中心性和特征向量中心性衡量公司在社会网络中的位置。其中，度中心性较高反映了公司得到信息的渠道较多，则得到的信息总量较多；特征向量中心性较高反映了公司得到的信息更具有价值（Larcker 等，2013）。根据 Freeman（1977）和 Bonacich（1972），度中心性和特征向量中心性的具体计算方法如下：

（1）度中心性（*Degree Centrality*）。中心性的最简单定义是公司在某种意义上必须是活跃的，相对于社会网络中的其他公司而言，它们具有最多的关系。因此度中心性衡量与公司 i 直接联结的其他公司的个数，公司 i 的度中心性计算公式如式（1）所示：

$$Degree_i = \frac{1}{N-1}\sum_{j\neq i} X_{ij} \qquad (1)$$

其中 i 为社会网络中的一个公司，j 为除了 i 之外的其他公司，若公司 i 和公司 j 之间有联结，则 $X_{ij}=1$，N 是特定年份参与构建社会网络的公司个数。

（2）特征向量中心性（Eigenvector Centrality）。特征向量中心性是最直观的中心性度量之一，它不仅可以解释联结的数量，还可以反映这些联结本身是否联结良好。如果公司与其他本身具有更好联结的公司相联结，那么其社会网络中心性就越高。因此特征向量中心性衡量公司 i 在社会网络中得到信息的重要性，公司 i 的特征向量中心性计算公式如式（2）所示：

$$Eigenvector_i = \frac{1}{\lambda}\sum_j b_{ij} E_j \qquad (2)$$

该中心性可以通过求解标准的"特征值—特征向量"问题方程获得：$BE = \lambda E$。其中：b_{ij} 是邻接矩阵，如果公司 i 和公司 j 存在联结，那么 $b_{ij}=1$，否则为 0；λ 是 B 的最大特征值，E_j 是公司 j 中心性的特征值。

2. 研究模型。为了检验网络中心性对公司捐赠的影响，本文借鉴 Brown 等（2006）、王营和曹廷求（2017）以及祝继高等（2017）构建回归模型。具体如式（3）所示：

$$\begin{aligned}Don_{i,t} = &\beta_0 + \beta_1 Centrality_{i,t} + \beta_2 Size_{i,t} + \beta_3 ROA_{i,t} + \beta_4 Lev_{i,t} + \beta_5 Cash_{i,t} + \beta_6 OCF_{i,t} \\ &+ \beta_7 Age_{i,t} + \beta_8 SOE_{i,t} + \beta_9 SH1_{i,t} + \beta_{10} IndpR_{i,t} + \beta_{11} Dual_{i,t} + \beta_{12} Boardsize_{i,t} \\ &+ Industry\ fixed\ effect + Firm\ fixed\ effect + \varepsilon_{i,t}\end{aligned} \qquad (3)$$

式（3）中，Don 为公司捐赠水平变量，使用 ln（捐赠额+1）来衡量；解释变量 $Centrality$ 为网络中心性变量，使用度中心性（$Degree$）和特征向量中心性（$Eigenvector$）来衡量；$Size$ 为公司规模变量，使用公司总资产的自然对数衡量；ROA 为公司业绩变量，使用公司净利润与总资产的比率来衡量；Lev 为公司资本结构变量，使用公司总负债与总资产的比率来衡量；$Cash$ 为公司现金持有水平变量，使用货币资金与总资产的比率来衡量；OCF 为现金流水平变量，使用经营活动产生的现金流量净额与总资产比率来衡量；Age 为公司年龄变量，使用上市公司从上市到 T 期年限的自然对数衡量；SOE 为公司实际控制人性质变量，使用虚拟变量衡量，企业是国有企业取值为 1，否则为 0；$SH1$ 为公司股权结构变量，使用第一大股东持股比例衡量；$IndpR$ 为公司独立董事比率变量，使用公司独立董事人数与董事会总人数的比率来衡量；$Dual$ 为董事长与总经理两职兼任变量，如果董事长与总经理两职兼任取值为 1，否则为 0；$Boardsize$ 为董事会规模变量，使用董事会人数的自然对数衡量。在模型设置中，为控制不同行业对公司捐赠的影响，本文根据中国证监会 2001 年颁布的《上市企业行业分类指引》设置行业虚拟变量（制造业按两位代码设置）。为控制不同年度宏观因素的影响，本文设置了年度虚拟变量。具体变量定义如表1所示。

表1　　　　　　　　　　　　　　变量定义

变量类型	变量名称	变量符号	变量定义
被解释变量	公司捐赠	Don	使用捐款金额的自然对数衡量
解释变量	度中心性	Degree	度中心性衡量指标，详细衡量方法见前述
	特征向量中心性	Eigenvector	特征向量中心性衡量指标，详细衡量方法见前述
控制变量	公司规模	Size	使用公司总资产的自然对数衡量
	公司业绩	ROA	使用公司净利润与总资产的比率来衡量
	公司资本结构	Lev	使用公司总负债与总资产的比率衡量
	现金持有水平	Cash	使用公司货币资金与总资产的比率衡量
	经营现金流	OCF	使用经营活动产生的现金流量净额与总资产比率来衡量
	公司年龄	Age	使用上市公司从上市到T期年限的自然对数衡量
	实际控制人性质	SOE	使用虚拟变量衡量，企业是国有企业取值为1，否则为0
	公司股权结构	SH1	使用第一大股东持股比例衡量
	独立董事比率	IndpR	使用公司独立董事人数与董事会总人数的比率来衡量
	董事长与总经理两职兼任	Dual	如果董事长与总经理两职兼任取值为1，否则为0
	董事会规模	Boardsize	使用董事会人数的自然对数衡量

（三）描述性统计

表2报告了本文主要变量的描述性统计结果。可以看出，捐赠Don的均值为12.132，说明平均而言，上市公司的年捐赠额约为18.57万元[1]。度中心性Degree的均值为0.008，这意味着平均而言，每个公司约与72个其他公司直接联结[2]。

---

[1] Don为原始捐赠金额的自然对数，其均值为12.132，还原为原始捐赠金额为$\exp(12.132)=18.57$（万元）。

[2] 度中心性表示与每个公司联结的其他公司个数与总公司个数的比率，表2中的度中心性Degree的均值为$0.008\times9043=72$，表示每个公司平均约与72个其他公司直接联系。

表 2　　　　　　　　　　主要变量的描述性统计结果

变量	观测值	平均值	标准差	最小值	25分位数	中位数	75分位数	最大值
Don	9044	12.132	2.692	2.692	11.002	12.429	13.805	13.805
Degree	9044	0.008	0.006	0.006	0.003	0.006	0.011	0.011
Eigenvector	9044	0.012	0.014	0.014	0.003	0.007	0.016	0.016
Size	9044	21.927	1.162	1.162	21.081	21.772	22.595	22.595
ROA	9044	0.043	0.057	0.057	0.013	0.037	0.070	0.070
Lev	9044	0.397	0.219	0.219	0.219	0.384	0.558	0.558
Cash	9044	0.145	0.242	0.242	0.000	0.056	0.178	0.178
OCF	9044	0.038	0.082	0.082	−0.002	0.035	0.081	0.081
Age	9044	1.965	0.888	0.888	1.386	2.079	2.708	2.708
SOE	9044	0.408	0.491	0.491	0.000	0.000	1.000	1.000
SH1	9044	0.360	0.150	0.150	0.239	0.343	0.463	0.463
IndpR	9044	0.371	0.053	0.053	0.333	0.333	0.400	0.400
Dual	9044	0.254	0.435	0.435	0.000	0.000	1.000	1.000
Boardsize	9044	2.272	0.173	0.173	2.197	2.303	2.303	2.303

四、实证结果

（一）网络中心性与公司捐赠

表3报告了模型的基本回归结果。第（1）和第（2）列反映了控制行业固定效应和年度固定效应的回归结果。第（1）列的主要解释变量为 *Degree*，回归系数为 54.022，在1%的水平上显著为正。这表明公司的度中心性（*Degree*）越高，公司捐赠的越多。这意味着度中心性增加一个标准差时，公司的捐赠会增加32.4%[①]。第（2）列的主要解释变量是特征向量中心性（*Eigenvector*），回归系数是 20.004，在1%的水平上显著为正。这意味着特征向量中心性增加一个标准差时，公司捐赠增加28.0%[②]。因此，公司的网络中心性越高，就会得到更多相关捐赠的价值信息，公司捐赠水平就越高。

---

① 使用表3中度中心性 *Degree* 的回归系数（54.022）乘以表2中度中心性 *Degree* 的标准差（0.006），即 54.022×0.006×100% = 32.4%。

② 表3中特征向量中心性 *Eigenvector* 的回归系数（20.004）乘以表2中特征向量中心性 *Eigenvector* 的标准差（0.014），即 20.004×0.014×100% = 28%。

表 3   网络中心性与公司捐赠

	被解释变量：公司捐赠	
	（1）Degree	（2）Eigenvector
Degree	54.022***	
	(6.373)	
Eigenvector		20.004***
		(2.802)
Size	0.165***	0.166***
	(0.042)	(0.042)
ROA	-1.021*	-0.938
	(0.610)	(0.613)
Lev	-0.351*	-0.323*
	(0.195)	(0.195)
Cash	-0.158	-0.169
	(0.140)	(0.141)
OCF	0.250	0.243
	(0.379)	(0.379)
Age	-0.148***	-0.157***
	(0.057)	(0.057)
SOE	0.079	0.077
	(0.090)	(0.090)
SH1	0.182	0.169
	(0.252)	(0.252)
IndpR	1.407*	1.459*
	(0.853)	(0.855)
Dual	-0.083	-0.088
	(0.094)	(0.094)
Boardsize	1.379***	1.485***
	(0.292)	(0.292)
常数	6.954***	6.882***
	(1.447)	(1.434)
行业	控制	控制
年度	控制	控制
样本数	9044	9044
R^2	0.083	0.079

说明：括号内为标准误，所有回归都使用异方差调整和公司聚类（Cluster）调整得到稳健性标准误。*** 表示1%的显著性水平，** 表示5%的显著性水平，* 表示10%的显著性水平。下文同。

（二）横截面差异

1. 市场地位的影响。市场地位高的公司可以借助自身的市场地位获得捐赠信息优势，公司社会网络就属于低自主性社会网络，通过社会网络获得信息优势就降低，从而更少地依赖于社会网络的作用发挥，而更多的是通过市场地位获得信息优势（陈运森，2015）。但是，市场地位较低的公司不能通过自身的固有地位来取得显著优于其他公司的信息，社会网络更能给公司带来有利于提高公司声誉且满足社会需求等相关捐赠的价值信息，公司社会网络的自主性更强。基于上述分析，本文分组考察市场地位程度不同时，网络中心性影响公司捐赠的差异。

依据 Peress（2010），本文利用经行业调整的价格—成本边际来衡量公司的产品市场地位（表4中用 Mkt 表示）。由此产生的价格—成本边际，反映了公司在不考虑行业因素的情况下，产品定价高于边际成本的能力。具有高价格—成本边际的公司拥有较高的市场地位。表4将公司的产品市场地位按照上3/4和下1/4分为高低两组，并进行分组检验。

表 4　　　　　　　　　市场竞争地位横截面差异

	被解释变量：公司捐赠					
	Degree			Eigenvector		
	(1) 地位高	(2) 地位低	(3)	(4) 地位高	(5) 地位低	(6)
Degree	34.915***	64.713***	66.458***			
	(9.444)	(9.910)	(11.892)			
Eigenvector				10.096**	24.112***	24.751***
				(4.008)	(4.375)	(5.157)
Mkt			0.584***			0.529***
			(0.168)			(0.135)
Degree × Mkt			-32.172**			
			(14.764)			
Eigenvector × Mkt						-14.968**
						(6.235)
常数	-3.990**	-1.168	-2.637*	-4.502**	-1.324	-5.195**
	(1.921)	(1.702)	(1.566)	(1.904)	(1.710)	(1.648)
控制变量	控制	控制	控制	控制	控制	控制
行业	控制	控制	控制	控制	控制	控制
年度	控制	控制	控制	控制	控制	控制
样本数	6603	2201	8804	6603	2201	8804
R^2	0.181	0.085	0.160	0.177	0.079	0.150

从表4可以发现无论是市场地位高的公司还是市场地位低的公司，回归系数均为正并通过了显著性检验，表明在市场地位高的公司和市场地位低的公司，网络中心性越高，公司的捐赠水平越高。但是，第（3）列的交互项 $Degree \times Mkt$ 和第（6）列的交互项 $Eigenvector \times Mkt$ 的回归系数分别为 -32.172 和 -14.968 并均在5%的水平上通过显著性检验。表明相比市场地位较高的公司，在市场中地位较低的公司，网络中心性对公司捐赠水平的影响显著更大。

2. 市场化程度。转型经济体通常缺乏足够的市场机构，公司经营者被迫通过建立各种网络关系以实现获取信息、解释规则和执行合约等基本功能，在一个正式制度较弱的环境下，非正式制度将扮演更为重要的角色（Peng 和 Luo, 2000）。现阶段中国的资本市场正式制度尚不够完善，不同地区的市场化发展速度和水平差距较大。根据2014年的市场化程度指数，排名前五的省份均分布在东部沿海，分别是浙江、上海、江苏、广东和天津。而排在最后的五个省份均位于西部内陆，分别是贵州、甘肃、新疆、青海和西藏，西部地区市场化程度远远落后于东部地区。各地区的市场化发展程度差异对公司财务和治理行为存在重要影响（方军雄，2008）。可以预期，相比在市场化程度高的地区，社会网络的作用在市场化程度低的地区更为明显（左晓宁和孙谦，2018），公司的网络中心性不同，公司得到有利于提高公司声誉且满足社会需求等相关捐赠的价值信息存在差异。基于上述分析，本文分组考察市场化程度不同时，网络中心性影响公司捐赠的差异。

本文借用王小鲁等（2017）的各地区市场化总指数评分（在表5中用 $High$ 表示），研究市场正式制度的发达程度不同时，网络中心性对公司捐赠的影响是否存在显著性差异。本文使用该数值的自然对数构建市场化程度变量，并将样本按照中位数分为高、低两组，分别检验网络中心性对公司捐赠的影响。表5提供了市场化程度横截面差异的回归结果。

表5 市场化程度横截面差异

	被解释变量：公司捐赠					
	Degree			*Eigenvector*		
	（1）市场化程度高	（2）市场化程度低	（3）	（4）市场化程度高	（5）市场化程度低	（6）
Degree	24.253***	55.833***	56.083***			
	(6.956)	(7.329)	(8.987)			
Eigenvector				7.225**	22.207***	21.796***
				(2.818)	(3.643)	(4.340)
High			0.592***			0.514***
			(0.118)			(0.097)

续表

	被解释变量：公司捐赠					
	Degree			Eigenvector		
	(1) 市场化程度高	(2) 市场化程度低	(3)	(4) 市场化程度高	(5) 市场化程度低	(6)
Degree × High			-32.567***			
			(10.851)			
Eigenvector × High						-14.906***
						(4.918)
常数	-4.933***	-3.493***	-2.859**	-4.502**	-3.594***	-5.195**
	(1.603)	(1.178)	(1.147)	(1.904)	(1.179)	(1.648)
控制变量	控制	控制	控制	控制	控制	控制
行业	控制	控制	控制	控制	控制	控制
年度	控制	控制	控制	控制	控制	控制
样本数	4520	4522	9043	4520	4522	9043
R^2	0.151	0.151	0.143	0.177	0.147	0.140

从表5可以发现无论是高市场化程度地区还是低市场化程度地区，回归系数均为正并通过了显著性检验，表明在市场化程度高和市场化程度低的地区，网络中心性越高，公司捐赠水平越高。但是，第（3）列的交互项 Degree × High 和第（6）列的交互项 Eigenvector × High 的回归系数为负并在1%的水平上通过显著性检验。表明相比市场化程度高的地区，在市场化程度低的地区，网络中心性对公司捐赠水平的影响显著更大。

（三）稳健性测试

本文可能存在如下内生性问题。第一，反向因果问题。即公司捐赠越多传递出公司运营良好的信号，有助于吸引其他公司的注意力及高管和董事的声誉提高，高管和董事得到去更多公司兼职的机会，使得公司的网络中心性提高，而不是本文理论假设的网络中心性越高使得公司捐赠增加。第二，缺失变量问题。例如，难以观测的公司质量特征或者高管特征导致网络中心性和公司捐赠都比较高。针对这两个内生性问题，下文将做一系列稳健性检验。

1. 独立董事辞职对公司捐赠的影响。本文将2013年中组部发布的18号文件作为一起外生事件，实证检验独立董事辞职造成的网络中心性减少对公司捐赠的影响。中组部18号文——《关于进一步规范党政领导干部在企业兼职（任职）问题的意见》发布时间为2013年10月19日，独立董事在随后的时间里陆续辞职。

鉴于文件下发时间在 2013 年末,为排除事件发生年份的影响,本文剔除了 2013 年的样本。因此本文将分组虚拟变量(Post)定义为:18 号文件出台之前为 0(2008 年、2009 年、2010 年、2011 年和 2012 年),18 号文件出台之后为 1(2014 年、2015 年和 2016 年)。实验组和控制组选取如下:如果一个公司在 18 号文件发布后网络中心性减少,则定义为实验组样本,否则为控制组样本。因此,本文对变量 $\Delta Centrality$ 定义为:根据上市公司在 18 号文件发布前后网络中心性均值的差值,当差值小于 0 时,表示公司在 18 号文件发布后网络中心性减少,因此,$\Delta Centrality$ 取值为 1;否则,取值为 0。表 6 报告了 18 号文件出台造成的网络中心性外生减少对公司捐赠的影响。

表 6　　　　　　　　　独立董事辞职对公司捐赠的影响

	被解释变量:公司捐赠	
	(1) $\Delta Degree$	(2) $\Delta Eigenvector$
$\Delta Degree$	0.605**	
	(0.234)	
$\Delta Eigenvector$		0.317**
		(0.157)
Post	-0.725***	-0.535**
	(0.231)	(0.253)
$\Delta Degree \times Post$	-0.412*	
	(0.218)	
$\Delta Eigenvector \times Post$		-0.336**
		(0.147)
常数	5.160***	5.005***
	(1.436)	(1.436)
控制变量	控制	控制
行业	控制	控制
年度	控制	控制
样本数	5879	5879
R^2	0.069	0.068

表 6 中,第(1)列的交互项 $\Delta Degree \times Post$ 的系数是 -0.412,并且在 10% 的置信水平上显著;第(2)列的交互项 $\Delta Eigenvector \times Post$ 的系数是 -0.336,并且在 5% 的置信水平上显著。结果表明在 18 号文件出台之后,相比网络中心性没有减少的公司,网络中心性减少的公司,捐赠水平会显著降低更多。而且这说明本文的结果是稳健的。

2. 工具变量检验。本文还使用工具变量的方法进行稳健性测试。一个地区内公司的数量是影响社会互动的一个重要因素（Teo，2009）。一个地区内公司的数量越多，越容易发生社会互动，因此更容易形成社会网络。Chuluun 等（2014）在美国每一个大都市区内计算上市公司的数量作为连锁董事网络的工具变量。基于此，本文从 CCER 数据库中获取上市公司注册地信息，计算每一个省内所有上市公司数量的自然对数（表7 中用 Firm Num 表示）作为网络中心性的工具变量。

本文使用两阶段最小二乘法估计模型。表7 的 Panel A 报告每个省内所有上市公司数量的自然对数与网络中心性之间关系的第一段回归结果。

表 7　　　　　　　　　　　工具变量检验结果

Panel A：第一阶段	内生变量：中心性	
	（1）Degree	（2）Eigenvector
Firm Num	0.001***	0.003***
	(0.000)	(0.000)
控制变量	控制	控制
行业	控制	控制
年度	控制	控制
F	78.18	100.54
Panel B：第二阶段	被解释变量：公司捐赠	
	（1）Degree	（2）Eigenvector
Degree	173.796***	
	(43.709)	
Eigenvector		72.086***
		(18.029)
常数	-3.247**	-3.507**
	(1.668)	(1.630)
控制变量	控制	控制
行业	控制	控制
年度	控制	控制
样本数	8997	8997
R^2	0.118	0.119

表7 结果表明，一个省内上市公司数量越多，更可能促进社会互动进而使得公司的网络中心性越大。第一阶段的 F 值大于 10 说明该工具变量满足相关性条件。Panel B 报告了第二阶段的回归结果，Degree 和 Eigenvector 的回归系数均为正并在 1% 的水平

上显著,与主回归模型的结果保持一致。说明本文的结果是稳健的。

3. 超额网络中心性(Excess Centrality)。El – Khatib 等(2015)以及 Jandik 等(2016)指出 CEO 网络中心性与公司和个人因素有关。本文使用以下因素:公司销售收入、公司业绩、资产负债率、CEO 年龄和任期等,将公司的实际网络中心性与这些影响网络中心性的因素分年度和分行业估计残差产生超额网络中心性,计算得到的超额网络中心性指标在表 8 中分别为 Excess1 和 Excess2。使用超额网络中心性作为被解释变量可以有效缓解不可观察的公司或个人特征带来的干扰。本文使用超额网络中心性代替实际网络中心性对公式(3)进行回归。表 8 报告了回归结果,根据两种网络中心性测量和网络中心性影响因素计算得到的超额网络中心性对公司捐赠的影响和主回归结果一致。这表明网络中心性测度可以反映公司在网络位置上获得信息优势,而不是缺失变量的影响。

表 8　　　　　　　　　超额网络中心性对公司捐赠的影响

	被解释变量:公司捐赠	
	(1) Excess1	(2) Excess2
Excess1	34.828***	
	(6.694)	
Excess2		11.272***
		(2.964)
常数	5.299***	5.121***
	(1.260)	(1.261)
控制变量	控制	控制
行业	控制	控制
年度	控制	控制
样本数	8884	8884
R^2	0.073	0.070

4. 更换网络中心性的度量方法。本文使用网络中心性其他两种度量方法对本文基本结果进行稳健性检验,根据 Freeman(1977),接近中心性和中介中心性的具体计算方法如下。

(1)接近中心性(Closeness Centrality)。网络中心性的一种观点建立在接近度和距离之上,度量方法强调在社会网络中,某个行动者与所有其他行动者的接近程度。接近中心性衡量公司 i 联结到其他公司的最短距离之和,公司 i 的接近中心性计算公式如式(4)所示:

$$Closeness_i = \frac{n-1}{\sum_{i \neq j \in N} d_{ij}} \times \frac{n}{N} \quad (4)$$

其中 d_{ij} 是公司 i 和 j 的最短距离之和，n 表示 i 所在局部的公司总数，N 表示特定年份参与构建社会网络的公司数量。

（2）中介中心性（Betweenness Centrality）。两个不相邻的行动者之间的相互作用依赖于行动者集合中的其他行动者，特别是那些在这两个联结路径之间的行动者。这些"其他行动者"潜在地在某种程度上控制着这两个不相邻行动者的相互作用。如果"其他行动者"能够更多地出现在联结两个行动者之间的路径上，那么其网络中心性就越高。因此，中介中心性衡量经过公司 k 并且联结 i 和 j 这两家公司的捷径占二者之间总捷径数的比例，公司 k 的中介中心性计算公式如式（5）所示：

$$Betweenness_k = \sum_{i<j \neq k \in N} \frac{p_{ij(k)/p_{ij}}}{(n-1)(n-2)/2} \quad (5)$$

其中，p_{ij} 表示公司 i 和公司 j 之间的最短路径的条数，$p_{ij(k)}$ 是经过节点 k、节点 i 和节点 j 之间的最短路径的条数。

本文分别使用接近中心性和中介中心性作为解释变量对公式（3）进行回归。表9的第（1）列和第（2）列结果显示公司捐赠水平的系数分别为 8.585 和 219.582 并在 1% 的水平上显著，这说明上述结果具有稳健性。

表9　更换网络中心性的度量方法

	被解释变量：捐赠水平	
	（1）Closeness	（2）Betweenness
Closeness	8.585***	
	(1.178)	
Betweenness		219.582***
		(27.114)
常数	4.593***	7.185***
	(1.451)	(1.440)
控制变量	控制	控制
行业效应	控制	控制
年度效应	控制	控制
样本数	9044	9044
R^2	0.080	0.080

五、研究结论

企业社会责任日益得到社会和与企业关系密切的利益相关者的高度重视。而公司的捐赠活动作为企业社会责任的重要组成部分，已经成为公司的重要战略决策。社会网络是公司重要的资源之一，公司拥有广泛的社会网络常常与公司的经营前景有着密切的联系。公司的社会网络可以同时满足公司信息获取和传递以及资源的需求。网络中心性高的公司能够迅速且经济有效地提供和接收有价值的信息，制定出公司捐赠策略，还可以激励其他公司为捐赠相关的活动做出贡献，扩大公司捐赠活动的效应。

基于以上逻辑，本文通过高管和董事任职关系构建一个新的公司网络中心性面板数据集，研究公司的网络中心性对公司捐赠的影响。研究结果表明网络中心性对公司捐赠产生显著正向的影响。针对基本结果的内生性问题，本文采用了准自然实验方法和工具变量方法进行了稳健性测试，其结果基本保持不变，进一步保证基本研究问题的因果效应。此外，本文从公司所处的市场地位和市场化程度两个维度来验证网络中心性对公司捐赠影响的横截面差异。结果表明相比市场地位高的公司，社会网络更能在市场地位低的公司发挥作用；相比市场化程度高的地区，社会网络更能在市场化程度低的地区发挥作用。

本文有效地克服了以往研究中的内生性问题，为公司捐赠决策的影响因素研究提供了补充的经验证据。本文研究结论具有以下两方面的参考价值：第一，社会网络给公司带来的稀缺资源在很大程度上替代正式制度，为公司谋求资源，帮助公司经营发展。尤其是正式制度比较薄弱地区的公司，管理层在制定捐赠决策时，更应该充分利用社会网络带来的相关价值信息，从而真正实现公司捐赠的战略性。第二，公司应构建有效的社会网络关系，充分利用网络中心性带来的信息优势，帮助公司形成正确的决策，或者提高公司决策的影响力。

主要参考文献

陈运森.2015.社会网络与企业效率：基于结构洞位置的证据.会计研究，(1)：48—155。
方军雄.2008.政府干预、所有权性质与企业并购.管理世界，(9)：118—123。
王小鲁，樊纲，余静文.2017.中国分省份市场化指数报告（2016）.社会科学文献出版社。
王营，曹廷求.2017.董事网络下企业同群捐赠行为研究.财经研究，43（8）：69—81。
祝继高，辛宇，仇文妍.2017.企业捐赠中的锚定效应研究——基于"汶川地震"和"雅安地震"中企业捐赠的实证研究.管理世界，(7)：129—141。

左晓宁, 孙谦. 2018. 董事网络、公司中心性与投资效率. 经济与管理研究, 39 (6): 110—121。

Akbas, F., F. Meschke, & M. B. Wintoki. 2016. Director networks and informed traders. *Journal of Accounting and Economic*, 62 (1): 1 – 23.

Berkman, H., P. D. Koch, & J. Westerholm. 2017. Insider the director network: when directors trade inside, interlock, and unconnected stocks. *SSRNWorking Paper*.

Bonacich, P. 1972. Factoring and weighting approaches to status scores and clique identification. *Journal of Mathematical Sociology*, 2: 113 – 120.

Bose, S., J. Podder, & k. Biswas. 2017. Philanthropic giving, market-based performance and institutional ownership: evidence from an emerging economy. *The British Accounting Review*, 49: 429 – 444.

Brass, D. J., J. Galaskiewicz, H. R. Greve, & W. Tsai, 2004. Taking stock of networks and organizations: a multilevel perspective. *Academy of Management Journal*, 47 (6): 795 – 817.

Brown, W. O., E. Helland, & J. K. Smith. 2006. Corporate philanthropic practices. *Journal of Corporate Finance*, 12 (5): 855 – 1877.

Cai, Y., & M. Sevilir. 2012. Board connections and M&A transactions. *Journal of Financial Economics*, 103 (2): 327 – 349.

Chen, J., D. Wong, J. Y. Tong, & F. F. Zhang, 2018. Corporate philanthropy and investment efficiency: empirical evidence from China. *Pacific-Basin Finance Journal*, 51: 392 – 409.

Cheng, S., R. Felix, & Y. Zhao. 2019. Board interlock networks and informed short sales. *Journal of Banking and Finance*, 98: 198 – 211.

Choi, J., & H. Wang. 2007. The promise of a managerial values approach to corporate philanthropy. *Journal of Business Ethics*, 75 (4): 345 – 359.

Chuluun, T., A. Prevost, & A. Upadhyay. 2017. Firm network structure and innovation. *Journal of Corporate Finance*, (44): 193 – 1214.

Chuluun, T., A. Prevost, & J. Puthenpurackal. 2014. Board ties and the cost of corporate debt. *Financial Management*, 43: 533 – 568.

Cohen, L. H., C. Malloy, & A. Frazzini. 2010. Sell-side school ties. *Journal of Finance*, 65 (4): 1409 – 1437.

Davis, G. F. 1991. Agents without principles? The spread of the poison pill through the intercorporate network. *Administrative Science Quarterly*, 36 (4): 583 – 613.

Davis, G. F., & H. R. Greve. 1997. Corporate elite networks and governance changes in the 1980s. *The American Journal of Sociology*, 103 (1): 1 – 37.

Dean, D. H. 2003. Consumer perception of corporate donations. *Journal of Advertising*, 32 (4): 91 – 102.

El - Khatib, R., K. Fogel, & T. Jandik. 2015. CEO network centrality and merger performance. *Journal of Financial Economics*, 116 (2): 349 – 1382.

Engelberg, J., P. Gao, & C. Parsons. 2012. Friends with money. *Journal of Financial Economics*, 103 (1): 169 – 188.

Fogel, K., T. Jandik, & W. R. McCumber. 2018. CFO social capital and private debt. *Journal of Corporate Finance*, 52: 28 – 52.

Freeman, L. C. 1977. Set of measures of centrality based on betweenness. *Sociometry*, 40: 35 – 41.

Gardberg, N. A., & C. J. Fombrun. 2006. Corporate citizenship: creating intangible assets across institutional environments. *Academy of Management Review*, 31 (2): 329 – 346.

Granovetter, M. 1985. Economic action and social structure: the problem of embeddedness. *The American Journal of Sociology*, 91 (3): 481 – 510.

Jackson, M. O., & B. W. Rogers. 2007. Meeting strangers and friends of friends: how random are social networks? *American Economic Review*, 97: 890 – 915.

Jandik, D., T. Jandik, & W. Xu. 2016. CEO network centrality and IPO performance. *SSRN Working Paper*.

Larcker, D. F., E. C. So, & C. C. Y. Wang. 2013. Boardroom centrality and stock returns. *Journal of Accounting & Economics*, 55: 225 – 250.

Lev, B., C. Petrovits, & S. Radhakrishnan. 2010. Is doing good good for you? How corporate charitable contributions enhance revenue growth. *Strategic Management Journal*, 31 (2): 182 – 200.

Liu, Y. 2010. Employment networks and the CEO labor market. *SSRN Working Paper*.

Morris, R. I., & D. A. Biederman. 1985. How to give away money intelligently. *Harvard Business Review*, 63 (6): 151 – 159.

Muller, A., & R. Kräussl. 2011. Doing good deeds in times of need: a strategic perspective on corporate disaster donations. *Strategic Management Journal*, 32 (9): 911 – 929.

Navarro, P. 1988. Why do corporations give to charity? *Journal of Business*, 61: 66 – 75.

Padgett, J. F., & C. K. Ansell. 1993. Robust action and the rise of the Medici. *The American Journal of Sociology*, 98 (6): 1259 – 1319.

Palmer, D. A., P. D. Jennings, & X. Zhou. 1993. Late adoption of the multidivisional form by large US corporations: institutional, political, and economic accounts. *Administrative Science Quarterly*, 38 (1): 100 – 131.

Peng, M., & Y. D. Luo. 2000. Managerial ties and firm performance in a transition economy: the nature of a micro-macro link. *Academy of Management Journal*, 43 (3): 486 – 501.

Peress, J. 2010. Product market competition, insider trading, and stock market efficiency. *The Journal of Finance*, 65 (1): 1 – 143.

Ricks, J. M, Jr., & J. A. Williams. 2005. Strategic corporate philanthropy: addressing frontline talent needs through an educational giving program. *Journal of Business Ethics*, 60 (2): 147 – 157.

Sanchez, C. M. 2000. Motives for corporate philanthropy in El Salvador: altruism and political legitimacy. *Journal of Business Ethics*, 27 (4): 363 – 375.

Schwartz, R. A. 1968. Corporate philanthropic contributions. *Journal of Finance*, 23 (3): 479 – 497.

Teo, M. 2009. The geography of hedge funds. *Review of Financial Studies*, (22): 3531 – 13561.

Turban, D. B. & D. W. Greening. 1997. Corporate social performance and organizational attractiveness to prospective employees. *The Academy of Management Journal*, 40 (3): 658 – 672.

Waddock, A. W., & S. B. Graves. 1997. The corporate social performance-financial performance link. *Strategic Management Journal*, 18 (4): 303 – 319.

Wang, H., & C. Qian. 2011. Corporate philanthropy and corporate financial performance: the roles of stakeholder response and political access. *Academy of Management Journal*, 54 (6): 1159 – 1181.

Wang, T., & P. Bansal. 2012. Social responsibility in new ventures: profiting from a long-term orientation. *Strategic Management Journal*, 33 (10): 1135 – 1153.

Social Network Centrality and Corporate Donation

Shenglan Chen, Ying Yin, Ruiwen Gao

Abstract: The existing research mainly studies the impact on donation from the perspective of individual companies, but ignores how the interaction between companies promotes the transmission of relevant value information to affect corporate donation. Social network theory suggests that decisions are influenced by other companies in the social network. Using the listed companies during 2008 – 2016 as research sample, this article constructs a novel panel dataset of corporate network centrality based on the experience of senior executives and directors, and then investigates the influence of network centrality on corporate donation. The results show that the higher the network centrality, the higher corporate donation level. In addition, the authors use the quasi-natural experiment and instrumental variable method to alleviate the endogenous problems and the results are still robust. The cross-sectional tests suggest that the effect of network centrality on corporate donation is much stronger for firms with low market position and with low degree of marketization. The findings shed light on how social network affects corporate donation.

Keywords: Social network; Network centrality; Corporate donation; Quasi-natural experiment

政策不确定性与企业环境表现*

吴昊旻 王 杰

【摘 要】本文以地方官员变更所引起的政策不确定性为切入点，选取2010—2016年沪深两市A股公司为样本，实证检验了政策不确定性与企业环境表现之间的关系。在拓展性检验中，本文综合考察了行业压力和市场化进程的影响。研究结果发现：政策不确定性显著提升了企业环境表现，进一步考察中观行业特征以及宏观制度环境后发现，政策不确定性对辖区企业环境表现的影响在重污染行业以及市场化程度低的区域更加显著。文章的研究拓展了政策不确定性的经济后果，并对于理解新兴市场国家的企业环境行为动机具有重要意义。

【关键词】政策不确定性；环境表现；政府干预；环境信息披露

一、引言

自20世纪80年代改革开放以来，中国经济保持了近40年的高速发展，与此同时，

收稿日期：2019-02-28

基金项目：国家自然科学基金项目（71762025；71262006）；石河子大学"3152"高层次人才支持计划

作者简介：吴昊旻，男，博士，石河子大学经济与管理学院教授，whm_1977@126.com；王杰，男，西安邮电大学经济与管理学院讲师。

* 作者感谢审稿人对本文的宝贵意见，但文责自负。

也带来严重的环境污染问题。环境污染给整个社会经济造成了巨大的损失。据测算，2004—2012年，环境污染问题对我国经济社会造成的损失最高达到了 GDP 的 3.05%[①]。环境问题已然成为影响我国经济可持续发展的重要因素，并引起了社会公众以及政府部门的持续关注。如何在经济发展的同时，兼顾环境保护，已经成为学术界和政府监管部门持续关注的重要理论问题和现实问题。

随着环境法规和监管的日益严格，环境活动已成为企业重要的生产经营活动，众多学者以环境信息披露为切入点探究了影响企业环境活动的重要因素，并形成了较为丰富的研究成果。相关研究基于不同层面探究了影响企业环境信息披露的因素，依其视角可分为宏观层面的制度理论（王建明，2008；Liu等，2011；Zeng等，2012；毕茜等，2012；王霞等，2013；De Villiers等，2014）以及微观层面的委托代理理论和高管特征的影响（毕茜等，2012；Lewis等，2014）。

通过梳理文献不难发现，企业环境信息披露主要源于法律法规监管压力以及投资者等利益相关者的要求，但是在中国这样一个处于转型期的经济体中，资本市场难以对企业环境信息形成有效的反应，投资者也无法充分将企业的环境表现融入资产定价之中（林润辉等，2015；方颖和郭俊杰，2018）。因此，仅仅基于市场机制，忽略政府与企业之间非正式机制的影响，很难全面考察企业环境行为的制度动因。

由此可见，相对于发达国家，中国上市公司环境行为具有更为广泛的行为内涵。有研究就表明，政府与企业之间的密切关系（政治关联构建）显著影响企业环境信息披露（林润辉等，2015；武剑锋等，2015；姚圣和梁昊天，2016）。上述现象在中国的广泛存在与中国经济运行中的强政府干预密不可分，并得到了合理的制度解释。在改革开放40多年的历程中，地方政府在我国经济增长中扮演着极其重要的角色，对当地经济的发展和微观经济主体影响巨大（周黎安等，2007）。地方政府干预既有其深层次的动机，亦有其必要的能力，一方面，政治晋升锦标赛规制下，政府官员作为政治锦标赛规制下的"参赛选手"，有动机通过干预经济改善辖区基础设施建设、发展辖区经济、提高人民生活水平以产生足够的晋升资源（王贤彬等，2009）；另一方面，在以财政分权为特征的政治体制中，核心政府官员作为政治权力的代表，可以依据国家法律以及政府规章制度掌握土地审批、政府补助和税收减免等大权进而掌握区域内资源配置，财政分权赋予了地方政府干预经济的能力（陈运森和崔宸瑜，2016）。最终，当政府需要企业承担相应的环境责任以达到政绩考核时，中国上市公司的环境行为将有助于企业获得稀缺的地区资源。可见，"新兴+转轨"经济体中的环境行为必有其深层次的制度根源。

[①] 现任环境保护部环境规划院副院长兼总工、绿色 GDP 核算研究小组组长王金南在接受《南方周末》记者汪韬采访时披露。具体见：环境污染，最高年损 GDP 3.05%，隐身八年再重启，离考核还很远，南方周末，2015-4-30。

地方官员变更为我们探究企业环境行为的制度根源提供了一个绝佳的视角。一方面，新任官员受到教育背景、个人偏好以及能力等个人特征的影响，上任后一般会针对政府补贴、土地征用、税收优惠等关键要素进行新一轮的配置（曹春方，2013；成志策等，2017），同时，不同官员的偏好差异以及对政策的理解程度将导致不同的政策目标，进而政府收入支出决策也将呈现出差异化特征。可见，当官员发生变更时，区域内的资源配置也将随之发生变化。此时，企业有动机通过调整自身的经营行为迎合政策需求，以获得相应的资源配置优势，微观经济主体的经济行为随之发生变化（陈德球等，2016）。另一方面，当官员变更引致较高的外部政策不确定性时，企业与投资者之间的信息不对称增加，企业有动机通过承担环境责任为资本市场传递利好信息，同时，在中央政府愈加重视环境保护的大背景下，投资者也将更加关注企业的环保信息。可见，由官员变更所引致的政策不确定性的增加必然会影响企业环境表现。

基于上述考虑，本文以2010—2016年我国A股上市公司为研究样本，以地市级官员变更为切入点，考察政策不确定性对辖区企业环境表现的影响。研究发现，政策不确定性显著提升了企业环境表现，进一步考察中观行业特征以及宏观制度环境后发现，政策不确定性对辖区企业环境表现的影响在重污染行业以及市场化程度低的区域更加显著。

本文的研究具有一定的理论贡献：首先，本文立足于当前生态文明建设的宏观制度背景，从企业环境表现出发，以新的视角探究了区域政策不确定性对辖区内微观经济主体的影响，进而深化和拓展了区域政府干预和经济政策不确定性的经济后果。其次，本研究有利于厘清中国上市公司承担环境责任的动因。已有相关研究表明，中国上市公司的环境信息披露政策无法通过金融市场途径取得良好污染治理成效，而本文的研究为理解我国企业履行环境责任的制度动因提供了新的解释。最后，本文进一步考察了行业特征及宏观制度环境的影响，这对特定制度下地方政府在权力交接时实现政府资源的优化配置具有重要的现实意义。

二、文献回顾、理论分析与假设提出

（一）政策不确定性与企业环境表现

在较早的研究中，大多数学者基于委托代理理论和制度理论对企业环境行为作出了相应的理论阐释。委托代理理论认为，企业实施环境行为主要是为了降低企业与外部利益相关者之间的信息不对称，向外界传递企业重视利益相关者权益的信息，进而提升企业绩效。相关实证研究从委托代理理论出发，基于不同经济后果探究了环境责任的代理成本动因，但结果莫衷一是。沈洪涛等（2010）发现企业环境信息披露能降低权益资本成本，该研究揭示了企业环境信息披露在资本市场上的作用。毕茜等

（2012）基于信号传递理论的研究指出，环境信息体现了管理层对利益相关者的重视，表明企业拥有完善的公司治理体系。倪娟和孔令文（2016）为环境行为的代理成本动因提供了信贷市场的证据，他们研究发现，重污染行业积极进行环境信息的披露可以在一定程度上降低企业和银行之间的信息不对称程度，从而使企业获得更多的银行贷款，并降低其债务融资成本。危平和曾高峰（2018）以股价同步性作为资本市场效率的有效度量，研究发现上市公司环境信息的披露与股价同步性显著正相关。然而，方颖和郭俊杰（2018）基于异常收益率的研究却指出，现阶段我国环境信息披露政策在金融市场基本上无法得到有效反馈，而其基本原因就在于，我国环境立法所规定的环境违法责任偏轻，地方政府出于保护当地经济增长目的往往放松环境管制，进而导致了过低的环境违法成本。上述结论的差异虽然与研究主题差异相关，但也意味着仅仅基于市场行为无法解释中国上市公司的环境行为，中国企业的环境行为还应有其更为深刻的制度动因。

制度理论为企业环境行为提供了相应的制度动因，相关实证研究主要从环境监管规定的出台、同类企业发生的环境事故和媒体报道三个方面论述了外部压力对企业环境行为的影响（沈洪涛和冯杰，2012），结果表明，外部监管压力显著影响企业的环境行为。文献包括了环境监管规定的出台（Freedman 和 Jaggi，2005；王霞等，2013；郑建明等，2017）、同行业企业环境行为（Darrell 和 Schwartz，1997；沈洪涛和苏亮德，2012），以及媒体报道（Aerts 和 Cormier，2009；Brammer 和 Pavelin，2010；沈洪涛和冯杰，2012）三个方面的影响。

在中国"新兴+转轨"经济体中，政府对经济广泛存在着直接或间接的干预，进而决定了我国的相关研究在分析制度因素对企业环境行为的影响时，不应仅仅局限于上述三个方面，还应综合考量政府在企业环境行为中扮演的角色。一些以政治关联为切入点的文献认为，企业主动披露环境责任可能是为了取悦政府，进而获得相应的经济利益。林润辉等（2015）以资源依赖理论为基础的研究发现，政治关联对企业的环境信息披露有显著的正向影响，而政府补助在政治关联和环境信息披露的关系中起到了中介作用，进而说明，民营企业主动披露环境信息是一种自利行为，本质上是为了从政府手中获取资源。武剑锋等（2015）以及姚圣和梁昊天（2016）的研究亦得出了同样的结论。

既然政府干预对企业环境行为产生了如此重要的影响，那么一个值得关注的问题是，地方政府官员变更所产生的政策不确定性是否影响了企业环境行为。探究政策不确定性对企业环境行为的影响更具现实意义，因为不同新任官员受到教育背景、个人偏好以及能力等个人特征的影响，上任后一般会针对政府补贴、土地征用、税收优惠等关键要素进行新一轮的配置（曹春方，2013）。同时，不同官员的偏好差异，及其对政策的理解程度将导致不同的政策目标，进而政府收入支出决策也将呈现出差异化特征,当微观经济主体认识到由官员变更所引致的政策取向差异时,其势必会通过调整相应的经营行为以迎合政府需要(陈德球等,2016)。

政策不确定性至少基于以下两点原因对企业环境表现产生影响:首先,对微观企业而言,官员更替会导致辖区企业之前建立的政治关系发生改变,从而使政府资源的配置面临重新洗牌,由此带来政策和资源支持的不连续性,进而增加了企业的经营风险(成志策等,2017;周楷唐等,2017)。此时,企业被迫增加现金持有以及缩减研发和资本支出(Julio 和 Yook,2012;曹春方,2013;徐业坤,2013;姜彭等,2015),最终,各种运营活动的萎缩将对企业的整体市场竞争力产生负面影响。在此情况下,企业通常都会有强烈的动机去讨好新一届政府以获取相应资源,积极承担环境责任将成为企业的重要选择。企业的环境行为可以帮助官员解决环保问题,为官员提供相应的晋升资本,尤其在国家着力建设"美丽中国"的新时期,环境问题对官员的意义不言而喻。黎文靖(2013)的研究就表明,中国上市公司履行社会责任有更为深刻的行为动机,即并非单纯地是一种"社会奉献主义"行为,还可能是一种政治资本投资行为。林润辉等(2015)以政治关联为切入点的研究更直接地表明,拥有政治关联的企业因能更有效地获得相应资源而选择承担环境责任,民营企业主动披露环境信息是一种自利行为,本质上是为了从政府手中获取资源。

其次,政策不确定性会加剧企业与投资者之间的信息不对称,进而增加投资者的信息需求(周楷唐等,2017),企业需披露更多的信息以满足投资者的需要。周楷唐等(2017)的研究表明,在面临官员变更引致的政策不确定性时,企业会更倾向于自愿发布业绩预告,并且业绩预告的精确度也会提高。其基本原因就在于,在政策不确定的冲击下,自愿进行业绩预告可以显著降低信息不对称,管理层更有动力去进行预测。事实上,良好的环境表现对于投资者了解企业亦具有重要的意义,基于委托代理理论的企业环境行为研究就清晰地表明,企业的环境行为对于降低信息不对称具有重要作用。随着整个社会愈加重视生态文明建设,投资者会更加关注企业的环境行为,以降低投资的环境风险,环境行为也将取得更大的效益。综上,本文提出假设 H1:

H1:政策不确定性与公司环境表现正相关。

(二) 政策不确定性、行业压力与企业环境表现

当企业面对由官员变更所带来的政策不确定性时,增加环境责任的承担将成为企业削弱不确定性负面影响的重要选择,但企业增加环境责任承担是否能够削弱政策不确定性产生的负面影响,这仍存疑问。其中一个重要的因素是,当同行业中其他企业选择相似的环境行为时,环境责任本身并不足以"取悦"政府,企业必须承担更多的环境责任以满足利益相关者的要求。

制度理论为我们分析上述问题提供了相应的理论基础,DiMaggio 和 Powell(1983)基于制度性同形的研究指出,当一个组织面对高的外部环境不确定性时,该组织可能

以其他组织作为参照模型来建立自己的制度结构以削弱不确定性的威胁,不确定环境下的组织行为呈现出"羊群效应"。由环境不确定性所引发的这种组织模仿行为并非盲目,而更多体现了组织的理性选择,其基本原因就在于模仿行为可有效降低由不确定性引发的搜寻成本,并有利于组织取得合法性(Cyert等,1963;鲍威尔和迪马吉奥,2008)。有关企业环境行为的研究表明,企业环境信息披露同样存在同形性和模仿行为,且属于模仿其他企业平均水平的频率模仿(沈洪涛和苏亮德,2012)。

结合本文研究,与一般企业相比,高污染行业中的企业面临更强的环境压力,当面对官员变更所造成的政策不确定性时,高污染行业更有动机通过履行环境责任以缓解信息不对称并"取悦"政府。更进一步,在面对政策环境不确定时,高污染行业中的企业的环境行为将互相模仿,产生"羊群效应"。最终,与一般行业相比,政策不确定性将导致高污染行业中的企业承担更多的环境责任。综上,本文提出假设 H2:

H2:政策不确定性对公司环境表现的正向影响在高污染行业更加显著。

(三)政策不确定性、市场化进程与企业环境表现

政策不确定性强化企业的环境行为有其内在的逻辑,即"新兴+转轨"经济体中的地方政府掌握了大量的生产资料,同时也需要辖区内企业积极承担相应的社会责任以满足任内考核要求。当辖区内企业意识到地方政府的需求时,将摆出积极承担环境责任的姿态以迎合地方政府。梳理上述逻辑不难发现,地方政府对辖区经济的强干预是政策不确定性影响企业环境行为的必要条件。因此,有必要对地方政府的经济干预行为进行纵深分析。

在新兴市场国家,地方政府对经济的干预广泛存在,地方政府可以通过财政自主权和经济管理权干预经济以解决就业、增加财政收入并改善当地形象。然而,地方政府对经济的干预行为在我国特殊的制度背景下更为复杂。我国的市场化改革是渐进式改革,在改革进程中,由于政策、地理、交通、历史等因素的影响,不同区域的市场化进程存在明显的差异(王小鲁等,2017),这为我们分析政策不确定所发挥作用的区域差异提供了一个较好的切入点。在市场化进程较低的地区,法律发展水平不够完善,媒体监督等一系列监督机制尚未健全,要素市场(如信贷资金配置)整体受到较为严重的政府干预,此时,政策不确定性所产生的冲击对企业而言是比较重要的。反观市场化水平较高的区域,政府功能由"干预型"向"服务型"转换,高的市场化程度也往往意味着产品市场和要素市场的公平竞争,进而,企业对政府资源的依赖程度也将降低(Julio 和 Yook,2012;申宇等,2015),政策不确定性对辖区企业产生的冲击可能并不明显。综上,本文提出假设 H3:

H3:政策不确定性对公司环境表现的正向影响在市场化进程低的区域更加显著。

三、研究设计

（一）样本说明

本文选取2010—2016年沪深两市A股公司为样本，相关财务数据和公司治理数据来源于CSMAR数据库，企业环境表现数据来源于和讯网发布的上市公司社会责任报告，地市级政府市委书记和市长更替的数据来源于人民网以及百度百科等网络资料，并通过手工整理得到。本文剔除了金融保险行业、ST类公司和所需数据缺失的公司样本，并对相关连续变量进行了1%~99%之外的极端值缩尾处理。最终得到13791个公司年度数据。统计分析所使用的软件为Stata14.0。

（二）模型构建

经由上述理论分析，本文使用以下模型（1）、模型（2）和模型（3）进行假设检验。具体见公式（1）、公式（2）和公式（3）所示。

$$ER_{it} = \beta_0 + \beta_1 Policyuncertainty_{it} + \beta_2 X_{it} + Industry + Year + \varepsilon_{it} \quad (1)$$

$$ER_{it} = \beta_0 + \beta_1 Policyuncertainty_{it} + \beta_2 Policyuncertainty_{it} \times Pollution_{it} \\ + \beta_3 Pollution_{it} + \beta_4 X_{it} + Industry + Year + \varepsilon_{it} \quad (2)$$

$$ER_{it} = \beta_0 + \beta_1 Policyuncertainty_{it} + \beta_2 Policyuncertainty_{it} \times Market_{it} \\ + \beta_3 Market_{it} + \beta_4 X_{it} + Industry + Year + \varepsilon_{it} \quad (3)$$

（三）变量定义

上述三个模型中的被解释变量ER表示企业环境表现。在已有研究中，大多采用企业环境信息披露度量环境表现，但环境信息披露属于非强制性行为，企业对于是否披露、披露什么以及如何披露有很大的酌定权和选择度。由此，自愿性信息披露行为可以看作是企业的一种战略选择，但这不一定意味着企业环境表现的提升（沈洪涛等，2014）。因此，本文借鉴卢洪友等（2017）的研究，采用和讯网所披露的环境责任报告。和讯网上市公司社会责任报告评测体系从股东责任、员工责任、客户和消费者权益责任、环境责任以及社会责任五个方面对企业的总体责任进行考察，设立13个二级指标和37个三级指标。其中，环境责任主要考察企业的环境治理表现，由环境意识、环境管理体系认证、环保投入金额、排污种类数和节约能源种类五个模块组成，通过综合评分确定最后的环境表现。环境责任在社会责任中所占的权重一般为20%，其中，制造业的权重为30%，服务业的权重为10%，其他行业权重保持不变，即此项评分最高为30。

解释变量$Policyuncertainty$表示政策不确定性。借鉴钱爱民和张晨宇（2016）以及陈德球和陈运森（2018）的研究，本文分别以公司注册地所在城市的市委书记和市长变更为度量指标，如果当年该地市委书记发生变更，则 $Policyuncertainty_1$ 赋值为 1，否则为 0。如果当年该地市长发生变更，则 $Policyuncertainty_2$ 赋值为 1，否则为 0。

调节变量：本文有两个调节变量，分别为重污染行业虚拟变量 Pollution，以及市场化进程虚拟变量 Market。当企业处于重污染行业则赋值 Pollution = 1，反之 Pollution = 0；当企业所处区域的市场化进程大于年度中值，则赋值 Market = 1，反之 Market = 0。

控制变量 X 是由几个控制变量构成的向量，借鉴已有研究，本文控制了净资产收益率（ROE）、公司规模（Size）、资产负债率（Lev）、成长性（Growth）等财务数据的影响，以及两职合一（Dual）、第一大股东持股比例（Top1）、董事会规模（Board）等公司治理变量的影响。此外，本文还控制了行业哑变量和年度哑变量以消除行业和年度的影响。主要变量定义如表 1 所示。

表 1　　　　　　　　　　变量定义

变量名称	变量符号	变量定义
企业环境表现	ER	采用和讯网环境责任评分度量
政策不确定性	$Policyuncertainty_1$	市委书记变更赋值为 1，反之赋值为 0
	$Policyuncertainty_2$	市长变更赋值为 1，反之赋值为 0
重污染行业	Pollution	参考颜茂华等（2014）对重污染行业的分类标准，当企业处于 16 大高污染行业则赋值为 1，反之赋值为 0
市场化进程	Market	企业所处区域的市场化进程大于年度中值，则赋值 Market = 1，反之 Market = 0
净资产收益率	ROE	净利润/平均净资产
公司规模	Size	资产总额的对数
资产负债率	Lev	负债总额/资产总额
成长性	Growth	企业营业收入增长率
两职合一	Dual	董事长和总经理为同一人则 Dual = 1，反之 Dual = 0
第一大股东持股比例	Top1	第一大股东持股数/总股数
董事会规模	Board	董事会人数的对数

四、实证分析

（一）描述性统计

表 2 列出了主要变量的描述性统计结果。ER 的标准差达 6.021，最大值和最小值

差异也较大,说明环境表现在样本之间存在较大差异。$Policyuncertainty_1$ 和 $Policyuncertainty_2$ 的均值接近为 30%,标准差较大,说明中国上市公司所面临的政策不确定性较大,且在地区之间存在较大差异,上述统计结果与陈德球和陈运森(2018)的相关数据结果一致。

表 2　描述性统计

变量名	变量数	平均值	中位数	标准差	最小值	最大值
ER	13791	2.714	0.000	6.021	0.000	23.000
$Policyuncertainty_1$	13791	0.283	0	0.450	0	1
$Policyuncertainty_2$	13791	0.279	0	0.448	0	1
Pollution	13791	0.287	0	0.4520	1	0
ROE	13791	0.081	0.067	0.144	-0.617	0.564
Size	13791	22.048	21.877	1.307	19.218	25.928
Lev	13791	1.151	0.708	1.396	0.098	9.201
Growth	13791	0.227	0.116	0.622	-0.572	4.67
Board	13791	0.237	0	0.426	0	1
Top1	13791	0.354	0.334	0.153	0.088	0.758
Dual	13791	2.151	2.197	0.199	1.609	2.708

(二)回归分析

1. 政策不确定性与企业环境表现。本文对政策不确定性($Policyuncertainty_1$ 和 $Policyuncertainty_2$)和企业环境表现进行回归,结果如表3所示,表3第(1)、(2)列未控制年度和行业的影响。结果表明,由市委书记/市长变更和所引发的政策不确定性($Policyuncertainty_1$/$Policyuncertainty_2$)在1%水平上与企业环境表现显著正相关。在控制年度和行业因素后,结果发现,市委书记变更和所引发的政策不确定性($Policyuncertainty_1$)在10%水平上与企业环境表现显著正相关,而由市长变更所引发的政策不确定性($Policyuncertainty_2$)与企业环境责任不显著。进而说明,在中国制度背景下,"一把手"的变更所带来的政策不确定性对企业而言才是最重要的,上述结论符合陈德球和陈运森(2018)的相关论述。综合起来,表3的结果表明,企业面临的政策不确定性越高,越会承担更多的环境责任,呈现出更好的环境表现,说明政策不确定性是影响企业环境承担的一个重要的制度动因。

表3　　政策不确定性与企业环境表现

	（1）	（2）	（3）	（4）
$Policyuncertainty_1$	0.384***		0.191*	
	(3.59)		(1.80)	
$Policyuncertainty_2$		0.343***		-0.0290
		(3.20)		(-0.27)
ROE	0.542	0.542	0.612*	0.608*
	(1.59)	(1.59)	(1.80)	(1.79)
Size	1.504***	1.504***	1.697***	1.696***
	(36.82)	(36.81)	(40.23)	(40.21)
Lev	-0.325***	-0.323***	-0.137***	-0.137***
	(-9.19)	(-9.15)	(-3.52)	(-3.51)
Growth	-0.299***	-0.295***	-0.312***	-0.311***
	(-3.82)	(-3.78)	(-4.10)	(-4.09)
Board	1.537***	1.536***	0.397	0.398
	(6.04)	(6.04)	(1.58)	(1.59)
Top1	0.216	0.215	-0.711**	-0.710**
	(0.66)	(0.65)	(-2.21)	(-2.20)
Dual	-0.316***	-0.309***	-0.217*	-0.216*
	(-2.71)	(-2.65)	(-1.92)	(-1.92)
常数	-33.473***	-33.457***	-33.878***	-33.815***
	(-36.78)	(-36.76)	(-34.47)	(-34.40)
行业			控制	控制
年度			控制	控制
调整 R^2	0.120	0.120	0.185	0.184
F	235.8	235.4	92.85	92.73
样本数	13791	13791	13791	13791

说明：*** 表示1%的显著性水平，** 表示5%的显著性水平，* 表示10%的显著性水平。括号内为t值，下文同。

2. 政策不确定性、行业压力与企业环境表现。本文引入市委书记变更引起的政策不确定性和高污染行业虚拟变量的交乘项（$Policyuncertainty_1 \times Pollution$）和企业环境表现进行回归，以确定产权性质的调节效应。结果如表4所示。

表 4　政策不确定性、行业压力与企业环境表现

	(1)	(2)
$Policyuncertainty_1$	0.274**	0.0690
	(2.17)	(0.56)
$Policyuncertainty_1 \times Pollution$	0.387	0.419*
	(1.64)	(1.84)
$Pollution$	0.595***	-0.0860
	(4.72)	(-0.33)
ROE	0.680**	0.616*
	(2.00)	(1.81)
$Size$	1.493***	1.698***
	(36.55)	(40.20)
Lev	-0.306***	-0.138***
	(-8.65)	(-3.54)
$Growth$	-0.280***	-0.310***
	(-3.58)	(-4.08)
$Board$	-0.289**	-0.216*
	(-2.49)	(-1.92)
$Top1$	0.115	-0.753**
	(0.36)	(-2.37)
$Dual$	1.433***	0.394
	(5.63)	(1.57)
常数	-33.176***	-33.843***
	(-36.45)	(-34.37)
行业		控制
年度		控制
调整 R^2	0.123	0.185
F	193.8	87.82
样本数	13791	13791

表 4 第 (1) 列表明，$Policyuncertainty_1 \times Pollution$ 与企业环境表现在统计学意义上不显著，但接近 10% 的显著性 (t = 1.64)。在控制年度和行业因素后，$Policyuncertainty_1 \times Pollution$ 在 10% 水平上与企业环境表现显著正相关。进而说明，行业压力影响了政策不确定性所发挥的作用，政策不确定性所产生的影响在高污染行业中更加显著。也说明，企业的环境责任在行业内存在"传染效应"，即组织合法性压力深刻影响了企

业的环境行为,同行业的企业会根据行业内其他企业的环境行为而选择适合自身的环境行为,假设2得以验证。

3. 政策不确定性、市场化进程与企业环境表现。本文引入市委书记变更引起的政策不确定性和市场化进程虚拟变量的交乘项($Policyuncertainty_1 \times Market$)和企业环境表现进行回归,以确定市场化进程的调节效应,结果如表5所示。

表5　政策不确定性、市场化进程与企业环境表现

	(1)	(2)
$Policyuncertainty_1$	0.842***	0.442***
	(5.78)	(3.07)
$Policyuncertainty_1 \times Market$	-0.967***	-0.540***
	(-4.50)	(-2.58)
$Market$	0.101	0.160
	(0.87)	(1.40)
ROE	0.603*	0.624*
	(1.77)	(1.84)
$Size$	1.505***	1.697***
	(36.85)	(40.24)
Lev	-0.329***	-0.139***
	(-9.31)	(-3.55)
$Growth$	-0.301***	-0.312***
	(-3.85)	(-4.10)
$Board$	-0.294**	-0.212*
	(-2.52)	(-1.88)
$Top1$	0.143	-0.770**
	(0.44)	(-2.42)
$Dual$	1.515***	0.394
	(5.96)	(1.57)
常数	-33.458***	-33.903***
	(-36.70)	(-34.48)
行业		控制
年度		控制
调整 R^2	0.121	0.185
F	191.2	87.93
样本数	13791	13791

表5第（1）列表明，$Policyuncertainty_1 \times Market$ 与企业环境表现在1%的显著性水平上显著负相关。在控制年度和行业因素后，$Policyuncertainty_1 \times Market$ 的显著性保持不变。进而说明，区域市场化进程影响了政策不确定性所发挥的作用，政策不确定性所产生的影响在市场化进程低的地区更加显著。这也说明，在市场化进程低的地区，政府能够对企业产生更强的干预效应，辖区内资源的市场化水平也较低，企业更有动机通过承担环境责任取悦政府以获得相应资源。假设3得以验证。

五、稳健性检验

1. 识别问题。为降低潜在的内生性问题，我们引入了一个外部冲击事件，即2014年4月修订通过的新《环保法》，相关法律条文确定了县级以上政府对区域内环境保护的主体责任，这也势必将影响官员的施政取向。当年份小于2014年则 Post 取值为0，反之取值为1，同时考虑到政策不确定性样本只占总样本的30%左右，因此本文结果可能存在样本选择问题。为了消除上述差异，参照钱爱民和张晨宇（2016）以及陈德球和陈运森（2018）的思路，本文使用倾向匹配得分法（PSM）消除样本差异，匹配标准为净资产收益率、规模、资产负债率、成长性、产权性质以及是否为高污染行业，匹配方法为有放回1：2最近邻匹配。考虑到 post 变量与年份哑变量存在潜在的多重共线性问题，故在模型（4）中我们只控制了行业固定效应，具体见公式（4）所示：

$$ER_{it} = \beta_0 + \beta_1 Policyuncertainty_{it} + \beta_2 Policyuncertainty_{it} \times Post_{it}$$
$$+ \beta_3 Post_{it} + \beta_4 X_{it} + Industry + \varepsilon_{it} \quad (4)$$

回归结果如表6所示，结果未见明显差异。

表6　　　　　　　政策不确定性与企业环境表现（PSM-DID）

	（1）	（2）
$Policyuncertainty_1$	0.282*	0.264
	(1.68)	(1.59)
$Policyuncertainty_1 \times post$	0.422*	0.392*
	(1.76)	(1.65)
post	-2.661***	-2.691***
	(-16.81)	(-17.12)
Roe	0.626	1.089**
	(1.48)	(2.52)
Size	1.783***	1.771***
	(34.79)	(33.33)

续表

	(1)	(2)
Lev	-0.327***	-0.160***
	(-7.48)	(-3.26)
Growth	-0.388***	-0.301***
	(-4.04)	(-3.16)
Board	-0.655	-0.862**
	(-1.63)	(-2.14)
Top1	0.643**	0.372
	(2.01)	(1.16)
Dual	-0.123	-0.129
	(-0.86)	(-0.91)
常数	-36.171***	-35.745***
	(-31.94)	(-28.67)
行业		控制
调整 R^2	0.168	0.189
F	180.2	69.77
样本数	8852	8852

2. 更换被解释变量的度量。考虑到环境表现指标在样本间存在较大差异，故为了缩小相关差异，借鉴成志策等（2017）的研究并结合本文研究，分别采用 $Ln(ER+1)$ 以及行业内企业的环境表现均值（Aver-ER）重新度量企业的环境表现，回归结果见表7所示，结果未见明显差异。

表7 　　　　　政策不确定性与企业环境表现

	(1)	(2)	(3)	(4)
	$ln(ER+1)$		Aver-ER	
$Policyuncertainty_1$	0.062***	0.0300	0.0610	0.139*
	(3.31)	(1.62)	(0.77)	(1.74)
ROE	0.221***	0.156***	-0.112	0.179
	(3.71)	(2.63)	(-0.44)	(0.70)
Size	0.271***	0.311***	1.530***	1.626***
	(37.94)	(42.09)	(50.24)	(51.16)

续表

	(1)	(2)	(3)	(4)
	$ln(ER+1)$		Aver-ER	
Lev	-0.047***	-0.026***	-0.290***	-0.125***
	(-7.56)	(-3.85)	(-11.02)	(-4.25)
Growth	-0.054***	-0.066***	-0.421***	-0.387***
	(-3.95)	(-4.93)	(-7.23)	(-6.76)
Board	-0.057***	-0.038*	-0.262***	-0.204**
	(-2.81)	(-1.90)	(-3.02)	(-2.39)
Top1	-0.0120	-0.165***	0.100	-0.457*
	(-0.21)	(-2.97)	(0.42)	(-1.91)
Dual	0.288***	0.081*	1.130***	0.468**
	(6.49)	(1.85)	(5.96)	(2.47)
常数	-6.034***	-6.095***	-33.001***	-32.822***
	(-37.93)	(-35.41)	(-48.65)	(-44.31)
行业		控制		控制
年度		控制		控制
调整 R^2	0.126	0.188	0.195	0.237
F	250.0	94.61	418.9	127.2
样本数	13791	13791	13791	13791

3. 剔除注册地在直辖市的样本。考虑到直辖市的政府官员与一般地市政府官员在权力上存在差别，其经济关注点也存在明显差异，故而剔除注册地在直辖市的样本，结果如表8所示，可见实证研究结果仍显著成立。

表8　政策不确定性与企业环境表现（剔除注册地在直辖市的样本）

	(1)	(2)
$Policyuncertainty_1$	0.222*	0.259**
	(1.90)	(2.20)
ROE	1.144***	0.975**
	(2.98)	(2.53)
Size	1.515***	1.695***
	(31.85)	(34.36)
Lev	-0.279***	-0.138***
	(-7.03)	(-3.18)

续表

	(1)	(2)
Growth	-0.313***	-0.321***
	(-3.58)	(-3.74)
Board	-0.277**	-0.189
	(-2.14)	(-1.50)
Top1	-0.505	-1.376***
	(-1.38)	(-3.81)
Dual	1.734***	0.618**
	(6.01)	(2.16)
常数	-33.940***	-34.192***
	(-32.20)	(-30.26)
行业		控制
年度		控制
调整 R^2	0.111	0.168
F	171.9	66.11
样本数	8852	8852

六、研究结论

本文以强政府干预的现实制度背景为基础，以地方政府官员变更所引致的政策不确定性为切入点，结合企业环境责任选择，实证检验了政策不确定性与企业环境表现之间的关系，在此基础上，广泛考察中观层面行业压力以及宏观层面区域市场化水平对政策不确定性与企业环境表现之间关系的影响。研究结果发现政策不确定性显著提升了企业环境责任。后续的拓展性检验表明，政策不确定性产生的效应在重污染行业以及市场化程度低的区域更加显著。

本文研究结论对于地方官员治理和企业环境投资决策具有重要的政策启示，为理解新兴市场中的企业环境行为提供了一个新的视角。与西方完善的市场体制中的企业相比，中国上市公司的环境行为应具有更为广泛的行为动机，中国企业环境行为不仅仅是为了向资本市场传递相关利好信息，更为重要的是，环境责任的承担有利于企业与政府之间建立更为密切的联系，进而获取政府手中稀缺的经济资源。本文的研究结论呼应了当前中央政府加强监督主要领导干部行使权力的政治体制改革导向，对于理解新兴市场国家的企业环境行为也具有重要的现实意义。

主要参考文献

毕茜，彭珏，左永彦．2012．环境信息披露制度、公司治理和环境信息披露．会计研究，7：39—47+96。

陈运森，崔宸瑜．2016．官员主政关系、地域偏爱与政府补助．中国会计评论，4：483—514。

陈德球，陈运森，董志勇．2016．政策不确定性、税收征管强度与企业税收规避．管理世界，5：151—163。

陈德球，陈运森．2018．政策不确定性与上市公司盈余管理．经济研究，53（06）：97—111。

曹春方．2013．政治权力转移与公司投资：中国的逻辑．管理世界，1：143—157。

成志策，廖佳，张横峰．2017．地方官员更替与上市公司社会责任履行——来自中国上市公司的经验证据．会计论坛，16（02）：122—145。

尔特·W·鲍威尔，保罗·J·迪马吉奥．2008．组织分析的新制度主义．上海：上海人民出版社，514。

方颖，郭俊杰．2018．中国环境信息披露政策是否有效：基于资本市场反应的研究．经济研究，53（10）：158—174。

姜彭，王文忠，雷光勇．2015．政治冲击、不确定性与企业现金持有．南开管理评论，18（4）：130—138。

林润辉，谢宗晓，李娅，王川川．2015．政治关联、政府补助与环境信息披露——资源依赖理论视角．公共管理学报，12（2）：30—41+154—155。

黎文靖．2013．基于政治干预视角的企业社会责任研究．大连：东北财经大学出版社，181。

卢洪友，唐飞，许文立．2017．税收政策能增强企业的环境责任吗——来自我国上市公司的证据．财贸研究，1：85—91。

倪娟，孔令文．2016．环境信息披露、银行信贷决策与债务融资成本——来自我国沪深两市A股重污染行业上市公司的经验证据．经济评论，1：147—156。

钱爱民，张晨宇．2016．政策不确定性、会计信息质量与银行信贷合约——基于民营企业的经验证据．中国软科学，11：121—136。

沈洪涛，苏亮德．2012．企业信息披露中的模仿行为研究——基于制度理论的分析．南开管理评论，15（3）：82—90。

沈洪涛，冯杰．2012．舆论监督、政府监管与企业环境信息披露．会计研究，2：72—78+97。

沈洪涛，黄珍，郭肪汝．2014．告白还是辩白——企业环境表现与环境信息披露关系研究．南开管理评论，17（2）：56—63。

申宇，傅立立，赵静梅．2015．市委书记更替对企业寻租影响的实证研究．中国工业经济，9：37—52。

王建明．2008．污染产品税在城市垃圾管制中的应用．税务研究，8：48—50。

王霞，徐晓东，王宸．2013．公共压力、社会声誉、内部治理与企业环境信息披露——来自中国制造业上市公司的证据．南开管理评论，16（2）：82—91。

王贤彬,徐现祥,李郇.2009.地方官员更替与经济增长.经济学(季刊),8(4):1301—1328。

王小鲁,樊纲,余静文.2017.中国分省份市场化指数报告.北京:社会科学文献出版社,252。

武剑锋,叶陈刚,刘猛.2015.环境绩效、政治关联与环境信息披露——来自沪市A股重污染行业的经验证据.山西财经大学学报,37(7):99—110。

危平,曾高峰.2018.环境信息披露、分析师关注与股价同步性——基于强环境敏感型行业的分析.上海财经大学学报,(02):39—58。

徐业坤,钱先航,李维安.2013.政治不确定性、政治关联与民营企业投资——来自市委书记更替的证据.管理世界,5:116—130。

姚圣,梁昊天.2016.政治关联、利益相关者监督与企业环境信息披露.中国矿业大学学报(社会科学版),2:57—66。

郑建明,许晨曦,张伟.2017.放松卖空管制与企业环境信息披露质量——基于重污染企业的准自然实验.中国软科学,11:111—125。

周楷唐,姜舒舒,麻志明.2017.政治不确定性与管理层自愿业绩预测.会计研究,10:65—70。

周黎安.2007.中国地方官员的晋升锦标赛模式研究.经济研究,7:36—50。

Aerts, W. & D. Cormier. 2009. Media legitimacy and corporate environmental communication. *Accounting Organizations & Society*, 34 (1): 1 – 27.

Brammer, S. & S Pavelin. 2010. Factors influencing the quality of corporate environmental disclosure. *Business Strategy & The Environment*, 17 (2): 120 – 136.

Cyert, R. M., J. G. March. 1963. A behavioral theory of the firm. *Prentice-Hall*, *Englewood Cliffs*, 332.

Darrell, W. & B. N. Schwartz. 1997. Environmental disclosures and public policy pressure. *Journal of Accounting & Public Policy*, 16 (2): 125 – 154.

De Villiers, C., M. Low & G. Samkin, 2014. The institutionalisation of mining company sustainability disclosures. *Journal of Cleaner Production*, 84: 51 – 58.

DiMaggio, P. J. 1983. The iron cage revisited: institutional isomorphism and collective rationality in organizational fields. *American Sociological Review*, 48 (2): 147 – 160.

Freedman, M. & B Jaggi. 2005. Global warming, commitment to the Kyoto protocol, and accounting disclosures by the largest global public firms from polluting industries. *International Journal of Accounting*, 40 (3): 215 – 232.

Julio, B. & Y. Yook. 2012. Political uncertainty and corporate investment cycles. *Journal of Finance*, 67 (1): 45 – 83.

Lewis, B. W., J. L. Walls, & G. W. S. Dowell. 2014. Difference in degrees: CEO characteristics and firm environmental disclosure. *Strategic Management Journal*, 35 (5): 712 – 722.

Liu, Z. G., T. T. Liu, & B. G. Mcconkey, et al. 2011. Empirical analysis on environmental disclosure and environmental performance level of listed steel companies. *Energy Procedia*, 5 (none): 2211 – 2218.

Zeng, S. X., X. D. Xu, & H. T. Yin, et al. 2012. Factors that drive chinese listed companies in voluntary disclosure of environmental nformation. *Journal of Business Ethics*, 109 (3): 309 – 321.

Policy Uncertainty and Corporate Environmental Performance

Haomin Wu, Jie Wang

Abstract: This paper takes the policy uncertainty caused by the change of local officials as the starting point, and uses 2010 – 2016 A-share companies in China as samples to empirically test the relationship between policy uncertainty and corporate environmental performance. In the expansive test, this paper comprehensively examines the impact of industry pressure and marketization processes on the relationship between policy uncertainty and corporate environmental performance. The results of the study finds that policy uncertainty significantly improves the environmental performance of enterprises, and further examines the characteristics of the meso-industry industry and the macro-institutional environment, and finds that the impact of policy uncertainty on the environmental performance of enterprises is more significant in heavy pollution industries and regions with low levels of marketization. The research of the article expands the economic consequences of policy uncertainty and is of great significance for understanding the motivation of corporate environmental behavior in emerging market countries.

Keywords: Policy uncertainty; Environmental performance; Government intervention; Environmental information disclosure

审计意见与异常应计的关系机理：
基于流动资产减值动因的分析*

曾雪云

【摘 要】 在解释审计意见与异常应计的关系机理时，大量研究指向盈余管理，但也有文献认为是持续经营风险。本文通过分别考察流动资产减值计提和转回两个方向的异常应计的动因，得到了进一步解释。研究证实，审计意见既与资产减值损失（负向应计）的经济动因相关，也与资产减值计提和资产减值转回（正向应计）的报告动因相关；并且审计意见对报告动因的容忍度遵循了稳健性原则，即对减值转回报告动因的容忍度低于对减值计提报告动因的容忍程度。这表明，审计师重点关注的是虚列资产减值转回，而非虚列资产减值计提；与此同时，审计师也会关注真实的重大资产损失。总之，审计师既关注异常应计中的持续经营风险，也关注盈余管理风险，此两者并不矛盾。本文结论丰富了审计意见影响因素的相关研究，在现有文献的基础上形成了对审计意见与异常应计两者关系机理的相对完整的解释。

【关键词】 审计意见；盈余管理；持续经营风险；流动资产减值；审计稳健性

收稿日期：2019 - 01 - 30

作者简介：曾雪云，女，博士，北京邮电大学经济管理学院教授，zengxueyun@ bupt. edu. cn。

＊ 作者感谢审稿人对本文的宝贵意见，但文责自负。

一、引言

异常应计不仅经常被用于解释盈余管理,而且 Francis 和 Krishnan (1999)、Bradshaw 等 (2001)、Kim 等 (2003)、Johl 等 (2007) 等文献还发现审计师对正向和负向应计项目存在非对称性监管和稳健性偏好。其中,Francis 和 Krishnan (1999) 的研究显示审计师对高应计的公司表现得更加谨慎,更可能出具非标准审计意见,其进一步研究还发现,与负向异常应计相比,正向异常应计更可能导致审计报告的谨慎性。Kim 等 (2003) 也证实经大事务所审计的公司年报的正向异常应计显著小于其他公司,而负向异常应计与其他公司没有区别。换言之,审计师更可能将正向异常应计视为盈余管理信号,而将负向异常应计理解为稳健性或者估计偏差。

但 Butler 等 (2004)、Ajona 等 (2008) 等文献对负向异常应计给出了不同于以往的解释。首先,Butler 等 (2004) 发现非标准审计意见与负向异常应计显著相关,但没有迹象表明与正向异常应计显著相关。他们认为,审计意见与负向异常应计的关系应当来源于审计师对企业持续经营风险,而非对盈余管理的担忧。基于这些经验证据,Butler 等 (2004) 提出,其结果不支持 Francis 和 Krishnan (1999)、Bradshaw 等 (2001) 等文献的解释。因为除了持续经营风险,他们没有发现非标准审计意见与盈余管理有何关系。Ajona 等 (2008) 利用西班牙的数据也验证了持续经营不确定性与审计师出具非标意见之间存在相关关系。Tsipouridou 和 Spathis (2014) 则再次证明审计意见与盈余管理 (即正向异常应计) 不相关,反而是公司的财务特征如营利能力对审计意见有显著影响。

国内也存在看似相互矛盾的解释。一方面,徐浩萍 (2004) 等研究发现,中国上市公司的审计意见与盈余管理是有关系的,那些利用操纵性应计进行盈余管理的公司更容易被出具非标准意见。另一方面,薄仙慧和吴联生 (2011) 等研究显示,没有证据表明审计师出具审计意见时考虑了盈余管理,反而是公司的信息风险与被出具非标意见的概率显著相关。

究竟如何理解正向异常应计和负向异常应计与审计意见之间的关系机理?对此问题,本文从流动资产减值视角,将应计项目分解为经济动因和报告动因两部分,然后对正向应计和负向应计的两类动因做同步检验。以流动资产减值这个具体的应计项目作为研究对象,具有三个优势:一是资产减值计提与转回提供了对正向应计与负向应计分别考察的机会;二是现有文献提供了识别资产减值与转回的经济动因和报告动因的分析模型;三是坏账和存货减值既是企业惯用的盈余管理工具,也是衡量持续经营能力的重要因素,从而能将这两个竞争性解释纳入一个分析框架。本文的分析表明,约 11.5% 的非标审计意见都明确提到了异常资产减值。这表明资产减值是相当重要的应计项目，会影响审计意见的发表。

本文将流动资产减值计提定义为负向应计，将流动资产减值转回定义为正向应计，通过计量分析求得经济动因和报告动因，并将这四个方面组合到一个分析框架，与审计意见以及持续经营审计意见进行回归分析，得到了两个进一步解释：（1）审计师在发表审计意见时会重点关注资产减值转回（正向应计）的报告动因，而容忍资产减值计提（负向应计）的报告动因，这说明审计师在出具审计意见时遵循了稳健性原则，对正向异常应计的容忍度低于对负向异常应计的容忍度。这在 Francis 和 Krishnan（1999）的研究中被首次提出并被称为"审计稳健性"（Audit Conservatism），此后 Kim 等（2003）对此也有验证。本文则在分解异常应计动因的基础上进一步证实了"审计稳健性"的存在，即审计师对客户公司高估减值损失和高估减值转回的态度存在非对称性。（2）审计师在发表审计意见时，对受经济动因驱动的重大资产损失，无论其影响持续经营与否，都是关注的，会在审计意见中加以强调。综上，本文的结论是：审计师对审计意见的发表，既关心持续经营风险，也关心重大盈余管理，并且在审查盈余管理程度时遵循了稳健性原则，对正向盈余管理的容忍度低于对负向盈余管理的容忍度。上述结论是对 Butler 等（2004）、Francis 和 Krishnan（1999）和 Kim 等（2003）等研究正负向异常应计文献的拓展，形成了对两者关系机理的相对完整的解释。

余下部分结构安排如下：第二部分着重对异常资产减值与审计意见的相关性展开理论分析。第三部分为实证研究设计。第四部分报告单变量分析结果。第五部分是实证检验，依次是流动资产净减值与审计意见的相关性检验、区分资产减值计提和资产减值转回两个方向的检验、区分两个方向的两类减值动因的检验、加入长期资产减值损失的稳健性检验，以及将持续经营不确定性审计意见作为被解释变量的进一步检验。最后是研究结论与意义。

二、理论分析

重大流动资产减值的计提与转回，既可能有真实的经济动因，也可能产生于盈余管理动机，这为洞察审计师在发表审计意见时的权衡提供了一个分析视角。Wilson（1996）指出，资产减值的估计需要大量利用会计假设、职业判断和市场信息，因此即便最有能力的审计师，在评估资产价值的真实性时，也会面临相当大的困难。因此，无论报告动因，还是经济动因，重大的异常减值通常都是极重要的风险因子，很可能影响审计意见。以 S*ST 天海（600751）为例，该公司 2007 年被出具无法表示意见的审计报告，投资者被告知持续经营能力存在重大不确定性，并且该集团对记录多年逾期未回收的海外业务应收账款余额 5.99 亿元已经全额计提坏账准备，但审计师没有取得确认函证，导致无法取得实际上可能是大股东资金占用的审计证据，也无法执行其他可替代程序。这个案例说明重大资产减值损失一旦发生，既可能存在会计舞弊等报告动因，也可能存在持续经营风险等经济动因，并且此两类因素都能够影响审计意见。

一方面，在不考虑资产减值动因的情况下，可能只能观察到与 Butler 等（2004）相似的结果。也即，除重大异常减值损失外，未必检验到审计意见对异常的减值转回也有敏感性。其原因在于，重大减值损失无论出于真实因素还是报告动因都是重要的风险因子，因此从减值方向就能观察到敏感性；相反，对于重大资产减值转回来说，那些受盈余管理动机影响的正向异常应计，才是重要的审计风险因子，而那些受经济动因影响而使其经营条件好转的正向异常应计，并不需要在审计意见中向投资者提示，因此就正向异常应计而言，其与审计意见的关系在不区分动因的情况下是不确定的。

另一方面，在考虑资产减值动因的情况下，就经济动因来说，企业的往来款项、原材料、产成品等营运资产与日常经营活动是紧密关联的，因此，其对市场环境和经营风险的变动相当敏感。特别是，持续发生重大减值损失的情况通常表明企业的盈利能力已经显著下降，此时往往伴随持续经营不确定性，这必然引起审计师的关注。就报告动因来说，审计师在核查和确认资产减值损失的具体事实方面，由于被审计单位的行业专属性、资产专属性或者事项复杂性，往往在技术层面有诸多实际困难，这使得管理层具备足够的自由裁量权将资产减值作为其应计利润操纵的重要工具。已有的大量文献证实，巨额冲销（Big Bath）、秘密准备（Cookie Jar Reserves）和择机转回都是惯用的盈余操纵方式。譬如，黄世忠（2002）列举了国内外多家公司如何利用坏账损失、存货跌价损失以及无形资产减值粉饰报表的证据。谭燕（2008）发现，在规避和迎合管制的动机下，我国上市公司偏好采用流动资产减值的其他转回进行盈余管理。曾雪云和叶康涛（2012）发现，我国企业在实施新会计准则以前，就有利用流动资产减值与转回进行盈余操纵的迹象。罗进辉等（2010）发现，新会计准则实施前后，流动资产减值准备净计提行为中存在多种盈余管理目的。由此可见，上市公司历来就有利用流动资产减值实现盈余管理目的的偏好。这些盈余管理行为是否导致非标准审计意见，取决于异常减值损失的规模和会计信息失真的程度。依据审计保险假说（薛祖云等，2004），一旦会计信息失真的程度超越了可接受风险，审计师可能不再承担保险责任，而通过修改审计意见来减轻审计风险。综合这两个方面，理应观察到审计意见对重大异常减值的经济动因和报告动因都存在敏感性。

三、模型与变量

本文的分析思路分为两个步骤。首先，检验不考虑动因情况下的资产减值计提（负向异常应计）和资产减值转回（正向异常应计）与审计意见的相关关系。这个研究设计类似于 Francis 和 Krishnan（1999）、Butler 等（2004）等现有文献的实证设计，没有很好解决正向应计和负向应计的内生性。然后，通过资产减值动因模型，分离出正向异常应计和负向异常应计各自的经济动因和报告动因，并对这两个方向的两类动因做同步检验，以解释非标准审计意见与受流动资产减值驱动的异常应计的四个成分（减值计提的经济动因、减值计提的报告动因、减值转回的经济动因、减值转回的报告动因）的相关性，此时的检验结果可以直接解释审计意见究竟是与盈余管理动机相关，还是与经济毁损因素相关。并且后文还将以持续经营不确定性审计意见为被解释变量做进一步分析，以得到可靠的结论。

第一步，我们建立 Logit 回归模型（1）用于检验流动资产减值（此时不考虑减值动因）与审计意见的相关关系。具体如公式（1）所示：

$$Opin_{it} = \beta_0 + \beta_1 WDCUR_{it} + \beta_2 Resur_{it} + \lambda_1 Opin10_{it} + \lambda_2 ABSDA_{it} + \lambda_3 ROA_{it} \\ + \lambda_4 Loss_{it} + \lambda_5 Size_{it} + \lambda_6 Lev_{it} + \lambda_7 Growth_{it} + \lambda_8 Cash_{it} + \lambda_9 Gover_{it} \\ + \lambda_{10} Listage_{it} + \lambda_{11} Big10_{it} + \varepsilon_{it} \tag{1}$$

式（1）中，$Opin$ 是被解释变量，表示审计意见类型。若是标准无保留审计意见，令 $Opin=0$；否则，令 $Opin=1$。$WDCUR$ 表示资产减值计提规模，等于（本期坏账准备计提＋本期存货跌价准备计提）/总资产期初数×100。$Rescur$ 表示资产减值转回规模，等于（本期坏账准备转回＋本期存货跌价准备转回）/总资产期初数×100。我们预期 $WDCUR$ 的系数显著为正，即资产减值计提的规模越大，获得非标意见的概率更高。$Rescur$ 的系数若显著为正，则表明资产减值转回的比例越高，越可能被出具非标意见。

控制变量的选取参考同类文献。$Opin0$ 表示上一期审计意见。$ABSDA$ 是按照修订的 Jones 模型计算的异常应计绝对值。ROA 是总资产收益率。$Loss$ 是指示变量，表示是否亏损，若亏损，等于1；否则，取0。Lev 表示财务风险，等于期末资产负债率。$Size$ 表示规模，等于期末总资产的自然对数。$Growth$ 表示业绩增长，用营业收入增长率表示，等于（本期营业收入－上期营业收入）/上期营业收入×100。$Cash$ 表示现金流，用经营活动产生的净现金流量除以期初总资产表示。我们预期，债务风险越大，增长率越低、现金流缺失，预期被出具非标准意见的概率更高。$Gover$ 表示企业性质，令国有控股公司取1；否则，取0。$Listage$ 等于上市年限，是一个序数变量。$Big10$ 是指示变量，用于衡量审计质量，当该上市公司所聘请的会计师事务所的排名位于当年中国注册会计师协会公布的审计规模的前十名时，取值为1；否则，取值为0。

第二步，建立 Logit 回归模型（2）用于检验识别流动资产减值动因与审计意见的相关关系，见公式（2）所示。模型（3）则是借鉴 Riedl（2004）并结合国内具体情况建立的 Tobit 回归方程，旨在对流动资产减值计提的动因做出分析，见公式（3）所示。模型（4）是 Tobit 回归模型，见公式（4）所示。

$$Opin_{it} = \gamma_0 + \gamma_1 + WDCUR\_EC_{it} + \gamma_2 WDCUR\_EM_{it} + \gamma_3 Res\_EC_{it} + \gamma_4 Res\_EM_{it}$$
$$+ \lambda_1 Opin0_{it} + \lambda_2 ABSDA_{it} + \lambda_3 ROA_{it} + \lambda_4 Loss_{it} + \lambda_5 Size_{it} + \lambda_6 Lev_{it}$$
$$+ \lambda_7 Growth_{it} + \lambda_8 Cash_{it} + \lambda_9 Gover_{it} + \lambda_{10} Listage_{it} + \lambda_{11} Big10_{it} + \varepsilon_{it} \quad (2)$$

$$WDCUR_{it} = \chi_0 + \chi_1 \Delta GDP_t + \chi_2 \Delta INDROA_{it} + \chi_3 \Delta Sales_{it} + \chi_4 \Delta ROE_{Fit} + \chi_5 \Delta OCF_{it}$$
$$+ \chi_6 Bath_{it} + \chi_7 Smooth_{it} + \chi_8 \Delta MGT_{it} + \chi_9 Loan_{it} + \varepsilon_{it} \quad (3)$$

$$Rescur_{it} = \delta_0 + \delta_1 \Delta GDP_t + \delta_2 \Delta INDROA_{it} + \delta_3 \Delta Sales_{it} + \delta_4 \Delta ROE_{Fit} + \delta_5 \Delta OCF_{it}$$
$$+ \delta_6 NK_{it} + \delta_7 SP_{it} + \delta_8 \Delta MGT_{it} + \delta_9 Loan_{it} + \varepsilon_{it} \quad (4)$$

模型（2）中，解释变量 $WDCUR\_EC$ 表示减值计提的经济动因，$Rescur\_EC$ 表示减值转回的经济动因，$WDCUR\_EM$ 表示减值计提的报告动因，$Rescur\_EM$ 表示减值转回的报告动因。模型（2）的解释变量 $WDCUR\_EC$ 和 $WDCUR\_EM$ 取自模型（3）中经济因素和报告动因的拟合值。

在模型（3）中，用于捕捉资产减值经济动因的变量有：ΔGDP 代表宏观经济的增长趋势；$\Delta INDROA$ 代表行业经济的变动，等于行业总资产净利润率从 $t-1$ 期到 t 期在中值水平的变动率；$\Delta Sales$ 代表营业收入的变动，等于营业收入变动率；ΔROE_F 等于减值前净资产收益率的变动；ΔOCF 等于经营性现金净流量的变动率。当宏观经济下行、行业景气度下滑、公司盈余能力下降时，资产减值准备将会增加。用于捕捉资产减值报告动因的变量有：$Bath$ 代表"洗大澡"，$Smooth$ 代表"盈余平滑"，其定义遵循 Riedl（2004）。先对全部观测值依减值前净盈余变动的大小除以总资产期初数进行分年分行业排序，然后对排位于负值中位数以外的值，令 $Bath$ 等于该取值；否则，令 $Bath = 0$；对排位于正值中位数以外的值，令 $Smooth$ 等于该取值；否则，令 $Smooth = 0$。$Bath$ 取值越低，表明"洗大澡"动机更强烈。$Smooth$ 取值越高，表明"盈余平滑"动机更显著。$Bath$ 的系数预期为负，$Smooth$ 的系数预期为正。ΔMGT 是指示变量，当高管层有变更时，令 $\Delta MGT = 1$；否则，$\Delta MGT = 0$；ΔMGT 的系数预期为正。由于中国资本市场上没有 Riedl（2004）提到的债务评级，因此改用 $Loan$ 有息负债率权衡债务压力，$Loan$ 等于有息债务除以总资产期初数。

模型（2）的解释变量 $Rescur\_EC$ 和 $Rescur\_EM$ 取自模型（4）中经济因素和报告动因的拟合值。在 Tobit 回归模型（4），NK（扭亏）和 SP（微利）用于捕捉流动资产减值转回的报告动机。NK（扭亏）是一个指示变量，用于度量上市公司规避 ST 监管的报告动机。若是上年亏损本年盈利，令 $NK=1$；否则，$NK=0$。SP（微利）也是衡量规避亏损动机的代理变量。若是净资产收益率介于 $0\sim1\%$ 之间，令 $SP=1$；否则，$SP=0$。SP 这个变量在 Zhang 等（2010）被验证与中国上市公司的资产减值转回动机之间是有显著相关性的。NK 这个动机在张然等（2007）及王建新（2007）也有采用。我们预期 NK 和 SP 的系数符号为正。

四、样本构建与单变量分析

本文选取 2007—2010 年作为分析期间。以 2007 年为分析起点，是因为中国上市公司从 2007 年开始采用新《企业会计准则》。新《企业会计准则》不仅实现了与国际会计准则趋同，而且大量研究表明新《企业会计准则》下的财务报告质量相比之前有显著提高。考虑到中国上市公司自 2011 年起不再编报"资产减值明细表"而难以获得坏账准备和存货跌价准备的计提与转回数据，因此本文的分析期间截至 2010 年。

从 WIND 数据库下载得到的 2007—2010 年非标准审计意见共有 444 个。本文通过 EXCEL 函数抓取关键词条进行文本分析。表 1 是 2007—2010 年非标准审计意见类型及强调事项具体类型。

表 1   非标准审计意见中的强调事项

审计意见强调事项	无保留意见加事项段	保留意见	无法发表意见	合计	占比
2007—2010 年非标准审计意见	325	64	55	444	100%
其中：持续经营能力不确定性	244	32	50	326	73.4%
经营亏损、停产等经营危机	186	24	36	246	55.4%
逾期借款、资不抵债等债务危机	149	17	36	202	45.5%
破产整顿	26	1	17	44	9.9%
（剔除重复之后小计）	**268**	**40**	**53**	**361**	**81.3%**
大股东占款或者关联交易	45	30	16	91	20.5%
债务重组或者资产重组	54	14	11	79	17.8%
对外担保	59	10	7	76	17.1%
资产查封、冻结、拍卖或已抵押	43	11	7	61	13.7%
重大资产减值	16	18	10	44	10.0%
重大诉讼	51	15	21	87	19.6%
被监管部门立案调查	30	15	3	48	10.8%

续表

审计意见强调事项	无保留意见加事项段	保留意见	无法发表意见	合计	占比
或有负债、预计负债	21	5	0	26	5.9%
重大产权、股权或合同纠纷	11	1	0	12	2.7%
其他事项	8	7	4	19	4.3%

说明：（1）表1通过EXCEL函数从审计意见中抓取。同一审计意见可能涉及多个强调事项。（2）其他事项包括：重大会计差错（5次）、高管涉嫌诈骗（2次）、内部控制缺陷（1次）、股权转让不确定性（4次）、资产置换不确定性（3次）、商标受让不确定性（3次）、土地转让不确定性（1次）。

如表1所示，就审计意见的类型而言，无保留意见加事项段325次，占73.2%；保留意见64次，占14.4%；无法发表意见55次，占12.4%。就持续经营能力而言，有81.3%的非标准审计意见提示了持续经营能力不确定性，其中直接提示持续经营能力不确定性326次，提示逾期借款、资不抵债等债务性危机202次，提示破产整顿44次。就具体强调事项而言，提示重大资产减值异常44次，提示大股东占款或者关联交易异常91次，提示债务重组或者资产重组79次，提示对外担保76次，这些事项往往意味着已经或者即将发生重大损失。其他事项还包括有重大诉讼、监管部门立案调查、预计负债、重大产权和合同纠纷等。

表2对提示有重大资产减值异常的非标准审计意见（44份）进行具体分析。

表2　非标准审计意见中的重大资产减值

栏目A					
项目	2007	2008	2009	2010	小计
提示重大资产减值的频次	8	12	15	9	44
其中：提示坏账准备的频次	6	8	7	7	29
提示存货减值的频次	1	0	3	2	6
其他资产减值的频次	2	4	6	3	15
栏目B					
计提	6	12	15	9	42
转回	2	0	0	0	2
栏目C					
审计受限	2	6	9	6	23
存在异议	2	0	0	0	2

续表

栏目 C					
重大影响	4	4	2	3	11
提示关注	0	2	4	0	6
栏目 D					
没有提示金额	4	2	0	1	7
1000 万元以下	0	1	0	0	1
1000 万~5000 万元	1	1	2	0	4
5000 万~9000 万元	1	2	1	0	4
9000 万元以上	2	6	12	8	28

说明：（1）表 2 通过 EXCEL 读取审计意见文本抓取。同一审计意见可能涉及多个资产减值项目。（2）在其他资产减值中，长期股权投资减值出现 8 次、固定资产减值出现 4 次、无形资产减值出现 4 次、在建工程减值出现 1 次。

表 2 中栏目 A 显示，2007 年提及重大资产减值 8 次，2008 年 12 次，2009 年 15 次，2010 年 9 次，在金融危机年份的审计意见中被提示减值异常的次数多于其他年份。这一分布特征表明资产减值很可能受到宏观经济周期的影响。栏目 A 还显示，坏账准备异常 29 次、存货减值异常 6 次，说明流动资产减值是审计意见的主要关注内容。栏目 B 提示，审计意见提及资产减值计提 42 次，提及资产减值转回 2 次。例如，ST 沪科（600608）审计意见提示投资者，"该公司将所计提的 20% 的坏账准备转回，该项转回对 2007 年度扭亏为盈起到了很大作用"。栏目 C 显示，提及审计范围受限 23 次、提及存在异议 2 份，这说明审计师对财务报表数字的可靠性存在质疑；提及资产减值对财务报告有重大影响 11 次、提醒报告使用者关注资产减值异常 6 次，这说明审计师对资产减值损失是重视的。栏目 D 显示，审计意见披露资产减值计提金额在 9000 万元以上 28 次，占 44 份的 63.6%，这说明极端异常资产减值很可能导致非标准审计意见。

表 3 是对流动资产减值计提比例和流动资产减值转回比例进行单变量检验的结果。表 3 中栏目 A 将样本总体分为非标准审计意见公司和标准审计意见公司两组，流动资产减值计提 WDCUR 与流动资产减值转回 Rescur 的均值和中位数都在 1% 水平上表现出了显著差异。就获得非标准审计意见的公司而言，栏目 B 显示，有重大资产减值异常与没有重大资产减值异常的公司相比，WDCUR 和 Rescur 在均值和中位数上都不存在显著差异。栏目 C 显示，就获得非标准审计意见的公司而言，报告了流动资产减值异常的上市公司的 WDCUR 均值和 Rescur 均值显著高于没有提示流动资产减值异常的公司，但是 WDCUR 和 Rescur 中位数差异没有统计显著性。这些分

析说明,无论是否在审计意见中披露流动资产减值,只要是非标准审计意见的上市公司,其流动资产减值规模都是相当大的。这个结果支持了本文关于重大流动资产减值应当被视为风险因子的观点,说明流动资产减值与非标准审计意见之间存在相关关系。

表3 流动资产减值的单变量分析

	流动资产减值计提 WDCUR		流动资产减值转回 Rescur	
	均值	中位数	均值	中位数
栏目A 样本全体				
(1) 非标准审计意见的公司	2.222	0.591	0.426	0.000
(2) 标准审计意见的公司	0.541	0.177	0.109	0.000
(3) =(2)-(1) 差异值	1.681***	0.414***	0.317***	0.000***
栏目B 非标准审计意见公司				
(1) 提示了重大资产减值的公司	2.812	0.739	0.431	0.018
(2) 没有提示重大资产减值的公司	2.156	0.580	0.426	0.000
(3) =(2)-(1) 差异值	0.656	0.159	0.005	0.018
栏目C 非标准审计意见公司				
(1) 提示了重大流动资产减值的公司	3.665	1.271	0.505	0.040
(2) 没有提示重大流动资产减值的公司	2.119	0.517	0.420	0.000
(3) =(2)-(1) 差异值	1.546**	0.754	0.085**	0.036

说明:(1)坏账损失及存货减值计提比例=(坏账准备本期计提+存货跌价准备本期计提)/总资产期初数×100;坏账转回及存货减值转回比例=(坏账准备本期转回+存货跌价准备本期转回)/总资产期初数×100。(2) ***表示1%的显著性水平,**表示5%的显著性水平,*表示10%的显著性水平。下文同。

在剔除金融业、IPO公司及变量缺省值后,本文一共得到有效观测值5709个。其中,5044份年度报告中披露有坏账准备或者存货跌价准备,665份年度报告中既没有报告坏账准备,也没有报告存货跌价准备。除审计意见外,其他数据均来自于国泰安金融数据库。本文对所有连续变量均按1%进行Winsorize处理,令小于1%和大于99%分位数的变量分别等于1%和99%分位数,以减轻奇异值的影响。表4报告了各变量的描述性特征。

表 4 变量描述性统计

变量名	平均值	标准差	P1	P25	P50	P75	P99
Opin	0.074	0.261	0.000	0.000	0.000	0.000	1.000
WDCUR	0.664	1.463	0.000	0.000	0.189	0.664	10.59
Rescur	0.133	0.416	0.000	0.000	0.001	0.076	3.072
ABSDA	0.100	0.108	0.001	0.030	0.067	0.129	0.630
ROA	0.043	0.080	-0.268	0.013	0.038	0.074	0.325
Loss	0.115	0.319	0.000	0.000	0.000	0.000	1.000
Size	21.56	1.271	18.37	20.72	21.45	22.28	25.32
Lev	0.543	0.326	0.066	0.364	0.517	0.662	2.627
Growth	0.569	2.183	-0.921	-0.079	0.099	0.376	16.99
Cash	0.058	0.104	-0.301	0.006	0.055	0.111	0.386
Gover	0.514	0.500	0.000	0.000	1.000	1.000	1.000
Listage	9.276	4.535	1.000	6.000	10.00	13.00	18.00
Big10	0.421	0.494	0.000	0.000	0.000	1.000	1.000
ΔGDP	0.107	0.019	0.092	0.092	0.104	0.104	0.142
$\Delta INDROA$	-0.001	0.013	-0.037	-0.009	-0.002	0.004	0.027
$\Delta Sales$	0.253	0.702	-0.818	-0.016	0.150	0.343	5.171
ΔROE_F	-0.280	3.922	-22.02	-0.661	-0.145	0.333	19.34
ΔOCF	-0.131	6.229	-31.27	-1.032	-0.218	0.558	34.35
Bath	-1.538	14.69	-22.02	-0.633	0.000	0.000	0.000
Smooth	2.108	76.80	0.000	0.000	0.000	0.000	19.34
NK	0.090	0.287	0.000	0.000	0.000	0.000	1.000
SP	0.108	0.311	0.000	0.000	0.000	0.000	1.000
ΔMGT	0.206	0.404	0.000	0.000	0.000	0.000	0.000
Loan	0.248	0.203	0.000	0.000	0.080	0.223	0.368

说明：共5709个公司-年，非标准审计意见420次。

表4中，Opin的均值说明有7.4%的公司获得了非标审计意见。WDCUR显示坏账及存货减值计提占总资产的均值是0.664%，P99分位数高达10.59%。Rescur显示坏账及存货减值转回的均比是0.133%，P99分位数是3.072%。其他变量的分布特征如下：ABSDA的均值是0.100，ROA的均值表明样本公司平均的总资产收益率是4.3%，Loss表示亏损的上市公司占11.5%，Lev的均值显示资产负债率的平均水平为54.3%，Growth显示营业收入的平均增长率是56.9%，Cash的均值表示经营性现金流比总资产

的均值是 5.8%，Gover 的均值显示国有上市公司占 51.4%，Listage 的均值显示平均上市年限是 9.276 年，Big10 显示国内排前十的审计师事务所的市场份额为 42.1%。

五、实证检验结果

（一）对流动资产减值与审计意见的关系机理的检验

表 5 的列（1）和列（2）报告了 Logistic 模型（1）的分析结果。

表 5　　　　　　　　　　审计意见与流动资产减值

	(1)	(2)
$Opin0$	3.926***	3.928***
	(20.73)	(20.53)
$ABSDA$	0.669	0.433
	(0.987)	(0.624)
$WDCUR$		0.074**
		(1.960)
$Rescur$		−0.026
		(−0.200)
ROA	−6.412***	−6.107***
	(−5.521)	(−5.183)
$Loss$	0.815***	0.780***
	(3.134)	(2.979)
$Size$	−0.614***	−0.596***
	(−7.365)	(−7.075)
Lev	1.760***	1.691***
	(6.722)	(6.403)
$Growth$	−0.010	−0.008
	(−0.327)	(−0.259)
$Cash$	−0.202	−0.181
	(−0.244)	(−0.217)
$Gover$	−0.021	−0.050
	(−0.116)	(−0.279)
$Listage$	0.050**	0.050**
	(2.220)	(2.186)

续表

	(1)	(2)
$Big10$	-0.087	-0.083
	(-0.490)	(-0.461)
常数	8.950***	8.567***
	(4.953)	(4.690)
行业	控制	控制
年度	控制	控制
样本数	5709	5709
$Pseudo-R^2$	0.6106	0.6119
P值	0.0000	0.0000

说明：*** 表示1%的显著性水平，** 表示5%的显著性水平，* 表示10%的显著性水平。下文同。

表5列（1）是未加入流动资产减值的实证结果，显示出非标准审计意见更可能发生在那些 ROA 更低的公司、亏损公司、小规模公司、负债率高的公司和上市年限较长的公司，并且上一期审计意见与本期审计意见显著正相关，异常应计绝对值 ABSDA 则没有解释力。在列（2）中，流动资产减值计提 WDCUR 的估计系数在5%水平上显著为正，证实流动资产减值计提对审计意见存在重要影响。以 WDCUR 作为解释变量的问题在于，并不确知审计师究竟更可能担忧与资产减值计提有关的持续经营能力不确定性，还是更可能担忧与此有关的盈余管理。Butler 等（2004）曾试图对此做出解释，发现是负向应计而非正向应计影响了审计意见，然后以持续经营能力不确定性审计意见作为解释变量提出审计师担忧的是与极端负向应计有关的持续经营风险而非盈余管理。为了对此结果进行验证，后文将对 WDCUR 的两类动因进行区分。

从表5可以看出，流动资产减值转回 Rescur 的估计系数不显著，既没有表现出可能减少非标准审计意见的发生，也没有表现出与表4单变量分析的一致性。尽管表4显示那些获得非标准审计意见的公司拥有更大的流动资产减值转回，但这一特征没有通过表5的回归检验。本文认为，这可能是因为模型（1）没有区分 Rescur 的两类动因所致，而资产减值转回的经济动因与报告动因对审计意见的驱动是反方向的，混淆在一起很可能导致内在抵消。

（二）对流动资产减值动因与审计意见的相关性检验

鉴于 Logit 模型（1）的构建存在内生性问题，很难解释审计师在发表审计意见时究竟关注了正向应计与负向应计的哪一类动机，以下通过 Tobit 模型（3）和 Tobit 模型

(4) 对流动资产减值准备在计提与转回两个方向上的报告动因和经济动因进行提取,然后利用 Logit 模型 (2) 检验审计意见对两类资产减值动因的敏感性。

表 6 报告了对流动资产减值动因的分析结果。就流动资产减值计提(负向应计)的经济因素而言,代表宏观经济因素的 ΔGDP 和代表行业因素的 $\Delta INDROA$ 均不显著,代表上市公司营业变动的 $\Delta Sales$ 在 1% 水平上具有显著意义,代表营利能力的 ΔROE_F 在 10% 水平上显著,代表经营性现金流变动的 ΔOCF 也没有表现出显著性。就流动资产减值转回(正向应计)的经济因素而言,仅有 $\Delta Sales$ 在 1% 水平上显著为负,这可能是经营业绩下滑时增加了账款回收和存货处置所致。就流动资产减值计提(负向应计)的报告动因而言,$Bath$ 和 $Loan$ 的系数都在 1% 水平上显著,说明国内上市公司在减值前总资产收益率越低的情况下越可能"洗大澡",在有息债务压力越大的情况下也越可能大比例计提流动资产减值。就流动资产减值转回(正向应计)的报告动因而言,扭亏 NK、高管变更 ΔMGT、有息债务比率 $Loan$ 三个因素均在 1% 水平上显著,说明报告动因是流动资产减值转回的主要驱动因素。

表 6 流动资产减值的动因分析

	模型 (3) Dep. = WDCUR	模型 (4) Dep. = Rescur
ΔGDP	2.009	0.421
	(1.208)	(0.650)
$\Delta INDROA$	-0.676	0.269
	(-0.288)	(0.294)
$\Delta Sales$	-0.171***	-0.023*
	(-4.894)	(-1.780)
ΔROE_F	-0.011*	-0.001
	(-1.698)	(-0.297)
ΔOCF	0.005	-0.002
	(1.266)	(-1.164)
Bath	-0.006***	
	(-3.520)	
Smooth	0.000	
	(0.188)	
NK		0.263***
		(8.029)
SP		-0.032
		(-1.057)

续表

	模型（3）Dep. = WDCUR	模型（4）Dep. = Rescur
ΔMGT	-0.022	0.071***
	(-0.359)	(3.132)
Loan	1.247***	0.299***
	(16.88)	(10.78)
常数	-0.528***	-0.367***
	(-2.817)	(-5.026)
样本数	5700	5700
LR chi2	349.08	238.29
P 值	0.0000	0.0000

表 7 报告了从 Tobit 模型（3）和 Tobit 模型（4）中抽取的四个流动资产减值动因变量的拟合值分布特征。计算见公式（5）~（8）。

$$WDCUR\_EC_{it} = \chi_1 \Delta GDP_{it} + \chi_2 \Delta INDROA_{it} + \chi_3 \Delta Sales_{it} + \chi_4 \Delta ROE_{Fit} + \chi_5 \Delta OCF_{it} \quad (5)$$

$$WDCUR\_EM_{it} = \chi_6 Bath_{it} + \chi_7 Smooth_{it} + \chi_8 \Delta MGT_{it} + \chi_9 Loan_{it} \quad (6)$$

$$Rescur\_EC_{it} = \delta_1 \Delta GDP_{it} + \delta_2 \Delta INDROA_{it} + \delta_3 \Delta Sales_{it} + \delta_4 \Delta ROE_{Fit} + \delta_5 \Delta OCF_{it} \quad (7)$$

$$Rescur\_EM_{it} = \delta_6 NK_{it} + \delta_7 SP_{it} + \delta_8 \Delta MGT_{it} + \delta_9 Loan_{it} \quad (8)$$

表 7 流动资产减值的经济动因与报告动因

变量名	均值	标准差	中位数	P10	P90
WDCUR_EC	0.177	0.121	0.188	0.085	0.280
WDCUR_EM	0.686	0.446	0.646	0.288	0.974
Rescur_EC	0.040	0.020	0.039	0.024	0.061
Rescur_EM	0.198	0.141	0.169	0.077	0.361

说明：采用 Winsorize 命令，按 1% 比例，对 WDCUR_EC、WDCUR_EM、Rescur_EC、Rescur_EM 进行缩尾处理。

在表 7 中，WDCUR_EC 表示流动资产减值计提的经济动因拟合值，均值是 0.177；WDCUR_EM 表示流动资产减值计提的报告动因，均值是 0.686；Rescur_EC 表示流动资产减值转回的经济动因，均值是 0.040；Rescur_EM 表示流动资产减值转回的报告动因，均值是 0.198。这个结果表明，流动资产减值在计提与转回两个方向上都受到了报告动因和经济动因的驱使。

表 8 报告了 Logit 模型（2）资产减值动因与审计意见的实证结果。列（1）显示，流动资产减值计提经济动因 WDCUR_EC 的系数是 1.652，在 5% 水平上显著；报告动

因 WDCUR_EM 的系数则不显著。这说明，审计师在发表审计意见时主要关注与经济动因有关的负向异常应计，而对与盈余管理有关的负向异常应计是容忍的。列（2）显示，流动资产减值转回的经济动因 Rescur_EC 的系数不显著，报告动因 Rescur_EM 的系数 1.657 在 5% 水平上显著。这说明，审计意见对与盈余管理有关的正向异常应计是敏感的，而审计师对流动资产减值转回的经济动因缺乏敏感性，这可能与审计师的稳健性有关。列（3）将流动资产减值计提与转回的动因变量同时放入分析模型，显示 WDCUR_EC 和 Rescur_EM 依然在 10% 的水平上显著为正。这些结果证实，审计师对流动资产减值计提的经济动因和流动资产减值转回的报告动因都是关注的，而对减值计提的报告动因和减值转回的经济动因则不那么关注。这就解释了表 5 中 Rescur 估计系数不显著的原因，虽然表 5 中 Rescur 作为整体进行检验时不显著，但将 Rescur 分拆为 Rescur_EC 和 Rescur_EM 时，Rescur_EM 是显著的。

表 8　　　　　　　　　　　　　审计意见与资产减值动因

Dep. = Opin	（1）	（2）	（3）
$Opin_{t-1}$	3.930***	3.797***	3.820***
	(19.76)	(18.48)	(18.39)
ABSDA	0.716	0.588	0.686
	(1.033)	(0.860)	(0.990)
WDCUR_EC	1.652**		1.702*
	(2.071)		(1.854)
WDCUR_EM	−0.495		−0.500
	(−0.675)		(−0.726)
Rescur_EC		4.317	−1.647
		(0.885)	(−0.275)
Rescur_EM		1.657**	1.619*
		(1.994)	(1.949)
常数	7.647***	7.592***	7.206***
	(3.976)	(3.973)	(3.714)
其他变量	控制	控制	控制
行业	控制	控制	控制
年度	控制	控制	控制
样本数	5700	5700	5700
Pseudo − R^2	0.6090	0.6087	0.6102
P 值	0.0000	0.0000	0.0000

说明：分析资产减值动因时有变量缺省，因此观测值是 5700。模型的 VIF 平均值为 2.73，各变量的 VIF 值均低于 10。

表9报告了加入长期资产减值之后的相关性分析结果。鉴于《企业会计准则》在2007年修订后禁止长期资产减值准备转回,因此这里的稳健性分析只需要加入长期资产减值计提,新的资产减值计提变量是 WDTOL。令 WDTOL 等于(长期资产减值计提+流动资产减值计提)/总资产期初数×100。并且,通过 Tobit 模型(2)对 WDTOL 的两类动因进行分解,得到 WDTOL_EC 和 WDTOL_EM。表9的列(1)显示,WDTOL 的系数在5%水平上显著为正,列(2)和列(3)显示,资产减值计提的两类动因单独回归和与资产减值转回的动因同步回归都能证实 WDTOL_EC 的显著性,这说明加入长期资产减值计提之后的实证结果依然是稳健的。

表9 考虑了长期资产减值的相关性分析

Dep. = $Opin$	(1)	(2)	(3)
$Opin_{t-1}$	3.914***	3.932***	3.821***
	(20.45)	(19.77)	(18.43)
ABSDA	0.392	0.683	0.668
	(0.564)	(0.981)	(0.961)
WDTOL	0.059**		
	(2.138)		
Rescur	−0.024		
	(−0.180)		
WDTOL_EC		0.997**	1.035*
		(2.123)	(1.951)
WDTOL_EM		0.010	−0.098
		(0.027)	(−0.255)
Rescur_EC			−1.487
			(−0.252)
Rescur_EM			1.629**
			(1.965)
常数	8.477***	8.003***	7.566***
	(4.633)	(4.307)	(3.949)
其他变量	控制	控制	控制
行业	控制	控制	控制
年度	控制	控制	控制
样本数	5700	5700	5700
Pseudo − R^2	0.6121	0.6092	0.6104
P 值	0.0000	0.0000	0.0000

说明:模型的 VIF 平均值为 2.70,各变量的 VIF 值均低于10。

(三) 对流动资产减值动因与持续经营能力不确定性审计意见的相关性检验

以上 Logit 模型（2）的分析结果解释了模型（1）的内生性问题。本文通过模型（2）对资产减值的两个动因分别进行检验，结果表明审计师在发表审计意见时重点关注正向盈余管理和真实资产损失。这一结果有助于理解审计师的审计意见表达。但依然存在难以解答的疑问，那就是究竟正向盈余管理和真实资产损失在达到何种重要性程度时会触发非标准审计意见呢？为此，这里以是否报告了持续经营能力不确定性审计意见 $GCOpin$ 为被解释变量展开进一步分析。

表 10 报告了分析结果。就资产减值计提的经济动因来说，$WDCUR\_EC$ 的系数和 $WDTOL\_EC$ 的系数都是弱显著性，说明审计师对经济毁损性质的负向异常应计的敏感性没有以持续经营不确定性为依赖条件。这印证了表 1 和表 4 的分析结果。表 1 显示，重大资产损失、担保、质押等都可能获得非标准审计意见，这些事件未必伴随持续经营危机。表 4 显示，在非标准审计意见中，披露了资产减值异常的公司与没有披露资产减值异常的公司，其资产减值计提规模没有显著差异，意味着获得非标准审计意见的公司普遍存在重大资产减值损失，但这些公司未必都存在经营危机或者债务危机。就资产减值转回的报告动因来说，在将因变量替换为 $GCOpin$ 之后，$Rescur\_EM$ 的系数依然显著为正，这说明审计意见对正向盈余管理敏感性的具体触发条件在于是否影响报表使用者对持续经营能力的判断。也即，审计师对于残留在已审财务报表中那些未被调整的正向盈余管理是有容忍边界的。从本文结果来看，这个容忍边界就是不影响投资者对上市公司持续经营能力的判断。如果超出了容忍边界，那些残留在财务报告中的正向盈余管理很可能触发非标准审计意见。

表 10　　持续经营能力不确定性审计意见与资产减值动因

Dep. = $GCOpin$	（1）	（2）	（3）	（4）
$Opin_{t-1}$	3.761***	3.503***	3.668***	3.502***
	(17.30)	(15.18)	(16.08)	(15.16)
$ABSDA$	0.551	0.855	0.580	0.845
	(0.712)	(1.051)	(0.727)	(1.038)
$WDCUR$	0.051			
	(1.276)			
$Rescur$	0.031		0.069	
	(0.225)		(0.466)	
$WDCUR\_EC$		1.424		
		(1.428)		

续表

Dep. = GCOpin	(1)	(2)	(3)	(4)
WDCUR_EM		-1.036 (-0.492)		
Rescur_EC		1.868 (0.306)		1.940 (0.331)
Rescur_EM		2.579*** (3.100)		2.574*** (3.085)
WDTOL			0.059* (1.856)	
WDTOL_EC				0.905 (1.581)
WDTOL_EM				-0.426 (-0.452)
常数	9.700*** (4.533)	6.463*** (2.810)	8.684*** (4.000)	6.768*** (2.971)
其他变量	控制	控制	控制	控制
行业	控制	控制	控制	控制
年度	控制	控制	控制	控制
样本量	5709	5700	5700	5700
Pseudo-R^2	0.6609	0.6595	0.6581	0.6597
P值	0.0000	0.0000	0.0000	0.0000

说明：模型的 VIF 平均值为 2.34，各变量的 VIF 值均低于 10。

六、结论与讨论

（一）结论与学术贡献

以往文献倾向于直接将异常应计解释为盈余管理，Butler 等（2004）提出这其中有偏误，并通过分析负向异常应计与持续经营审计意见的关联性给出一个新的解释，认为负向异常应计与持续经营风险有关，而非受盈余管理的影响。在此基础上，本文以流动资产减值为分析对象，再次检验了审计意见与异常应计项目的关系机理。在不考虑减值动因的情况下，研究结果显示，非标准审计意见与资产减值计提规模显著正相关，而与减值转回规模弱相关。虽然这一结果说明审计师会关心应计损失，但究竟审计师担忧的是与重大资产损失的盈余操控，还是与资产损失有关的经营风险呢？为解答此问题，本文对减值计提与转回两个方向上的经济动因和报告动因先做计量提取，然后将拟合结果代入审计意见逻辑回归模型。进一步研究证实：非标准审计意见的发生率与资产减值计提的经济动因和资产减值转回的报告动因均显著相关，与资产减值计提的报告动因和资产减值转回的经济动因则为弱相关。这说明，审计师在发表审计意见时主要关注两项风险：真实的资产损失风险（负向异常应计的经济动因）和正向盈余管理风险（正向异常应计的报告动因）。

然后，在以持续经营不确定性审计意见为被解释变量的实证分析中，得到了对上述结论的进一步解释。研究发现，持续经营能力不确定性审计意见对资产减值计提的经济动因的敏感性较弱，而对资产减值转回的报告动因显著敏感。这意味着，一方面，审计师关注正向盈余管理（正向异常应计的报告动因）的意图可能在于避免投资者对上市公司的持续经营能力产生误判，而非追求如实反映这一会计信息质量要求；另一方面，对于真实的重大资产损失风险，则无论影响持续经营能力与否，都可能被反映在审计意见中。

以上结论具有两个方面的学术价值。第一，本文提示了审计稳健性的意义。本文研究发现审计师在发表审计意见时遵循了会计的稳健性原则。一方面，审计意见对资产减值正向报告动因是关注的，对负向报告动因是容忍的；另一方面，审计意见对流动资产减值计提的经济动因是敏感的。这是对 Francis 和 Krishnan（1999）及 Kim 等（2003）的支持和拓展。Francis 和 Krishnan（1999）的研究发现使收益增加的异常应计相比使收益减少的异常应计利润更可能导致非标准审计意见，Kim 等（2003）的研究发现大会计师事务所比其他事务所具有更高的审计稳健性。本文在分解异常应计动因之后再次证实了审计稳健性的存在。第二，在现有结论的基础上，本文得到了新的解释。Francis 和 Krishnan（1999）及 Kim 等（2003）的研究提示审计师在发表审计意见时关注正向异常应计胜过关注负向异常应计。本文研究发现，审计师主要关注那些影响持续经营能力不确定性的资产减值计提的正向盈余管理，而非一般意义上的正向盈余管理。本文研究还显示，审计师对负向异常应计经济动因的关注与持续经营能力不确定性缺乏显著相关性。这意味着，审计师在发表审计意见时，重点关注真实的重大资产损失和虚假的资产减值转回。上述结论深化和完善了对审计意见与异常应计的关系机理的理解。

（二）讨论与实践意义

本文在 Francis 和 Krishnan（1999）、Bradshaw 等（2001）、Kim 等（2003）和 Butler 等（2004）等文献的基础上，基于流动资产减值研究发现，与盈余管理有关的正向异常应计只要影响到对持续经营能力的判断，就会被审计师重点关注；而与真实活动有关的负向异常应计，则无论影响持续经营能力与否，都会为审计师重点关注。综上所述：重大的真实资产减值损失，无论影响持续经营能力与否，都可能反映在审计意见中；重大的虚假资产减值转回，只有影响到对持续经营能力的理解和判断时，才反映在审计意见中。这一结论对于理解审计师在会计监管与风险警示方面的角色具有重要意义。

基于本文的研究结论，关于上市公司是否正在进行重大盈余管理的判断是需要投资者自己识别的，审计意见的提示作用极其有限。原因在于，审计师通常不至于把财务报告中未调整的盈余管理揭示给投资者，除非这些保留下来的盈余管理影响了对持续经营能力的判断。此外，考虑到尽管审计意见揭示了已经存在的重大资产损失，但在事实损失已经存在的情况下，投资者往往已经面临重大风险。所以，无论是重大资产损失，还是重大盈余管理，非标准审计意见的作用就好像是一张"病危"通知书，它主要是对重大资产损失和重大盈余操纵起到事后揭露作用，而难以在事件发酵期和损失确认之前发挥风险提示作用。

主要参考文献

薄仙慧，吴联生. 2011. 盈余管理、信息风险与审计意见. 审计研究，1：90—97。
黄世忠. 2002. 巨额冲销与信号发送——中美典型案例比较研究. 会计研究，8：10—21。
罗进辉，万迪昉，李超. 2010. 资产减值准备净计提、盈余管理与公司治理结构——来自2004~2008年中国制造业上市公司的经验证据. 中国会计评论，2：179—200。
谭燕. 2008. 资产减值准备与非经常性损益披露管制. 管理世界，11：129—142。
王建新. 2007. 长期资产减值转回研究——来自中国证券市场的经验证据. 管理世界，3：42—50。
徐浩萍. 2004. 会计盈余管理与独立审计质量. 会计研究，1：44—49。
薛祖云，陈靖，陈汉文. 2004. 审计需求：传统解释与保险假说. 审计研究，5：20—25。
张然，陆正飞，叶康涛. 2007. 会计准则变迁与长期资产减值. 管理世界，8：77—84+139。
曾雪云，叶康涛. 2012. 资产减值动态、稳健性原则与盈余后果. 金融评论，5：45—57。
Ajona, L. A., F. L. Dallo, & S. S. Alegria. 2008. Discretionary accruals and auditor behaviour in code-law contexts: an application to dailing Spanish firms. *European Accounting Review*, 17 (4): 641-666.
Bradshaw, M. T., S. A. Richardson, & R. G. Sloan. 2001. Do analysts and auditors use information in accruals?. *Journal of Accounting Research*, 39 (1): 45-74.
Butler, M., A. Leone, & M. Willenborg. 2004. An empirical analysis of auditor reporting and its association with abnormal accruals. *Journal of Accounting and Economics*, 37 (2): 139-165.
Francis, J. R., & J. Krishnan. 1999. Accounting accruals and auditor reporting conservatism. *Contemporary Accounting Research*, 16 (1): 135-165.

Kim, J. B., R. Chung, & M. Firth. 2003. Auditor conservatism, asymmetric monitoring, and earnings management. *Contemporary Accounting Research*, 20 (2): 323 - 359.

Riedl, E. J. 2004. Anexamination of long - lived asset impairments. *The Accounting Review*, 179: 823 - 852.

Tsipouridou, M., & C. Spathis. 2014. Audit opinion and earnings management: evidence from Greece. *Accounting Forum*, 38 (1): 38 - 54.

Wilson, G. 1996. Discussion write-offs: manipulation or impairment? . *Journal of Accounting Research*, 34 (s): 171 - 178.

Zhang, R., Z. Lu, & K. Ye. 2010. How do firms react to the prohibition of long-lived asset impairment reversals? Evidence from China. *Journal of Accounting & Public Policy*, 29 (5): 0 - 438.

Audit Opinions and Abnormal accruals: Based on the Motivation of the Current Assets Impairment

Xueyun Zeng

Abstract: How to explain the relation between the audit opinions and abnormal accruals? A lot of researches believe the reason is earnings management. But Butler et al. (2004) argued that the going-concern opinions other than earnings management. In this paper, based on the motivation of accounting accruals derived from the current assets impairment, the author finds that the modified audit opinions both are related with the economic factors of extreme assets impairment, and also are related with the report factors of the write-downs and the reversal. The results are still significant in the opinions of the going-concern uncertainty. Overall, there is no conflict because the CPAs concern both the going-concern uncertainty and also the distortion of earnings quality.

Keywords: Audit opinions; Earnings management; Going-concern risk; Current assets impairment; Audit conservatism

国家审计、媒体监督与政府行政成本*

廖义刚　龚循扬

【摘　要】 以2007—2015年我国31个省（自治区、直辖市）的数据为研究样本，实证检验了国家审计能否降低政府行政成本，以及媒体监督对国家审计这一职能的影响。研究发现，国家审计能够有效降低政府行政成本，同时媒体监督能够进一步强化国家审计与政府行政成本之间的负相关关系。进一步的研究结果还表明，在制度环境越完善的省（区或市），国家审计的行政成本治理效应越突出，并且国家审计能够通过降低政府行政成本发挥腐败治理效应。

【关键词】 国家审计；行政成本；媒体监督

一、引言

改革开放以来，我国的经济发展取得了世界瞩目的成就，但政府行政成本的规模

收稿日期：2019-2-13
基金项目：国家自然科学基金项目（71762015，71362009）
作者简介：廖义刚，男，博士，江西财经大学会计发展研究中心教授，175699351@qq.com；龚循扬，男，江西财经大学会计学院硕士研究生。
* 作者感谢审稿人对本文的宝贵意见，但文责自负。

以及增长速度一直居高不下，以至于十八大以来，历年的政府工作报告都强调要降低政府行政成本。据中国统计年鉴数据，1978—2006 年，政府行政管理费用从 52.90 亿元增加到 7571.05 亿元，在 28 年的时间里增长了 143.12 倍，年均增长率高达 19.40%，而同期我国财政支出、经济建设费、社会文教费、国防费的年均增长率分别为 13.66%、10.14%、16.60% 以及 10.82%。2007—2015 年，国家行政成本支出总和从 9233.89 亿元增加到了 20291.85 亿元，大约以每年 1382.24 亿元的速度递增。国际上高收入国家行政管理支出占财政支出的比例平均为 9.5%，中等收入国家行政管理支出占财政支出的比例平均为 12.3%，而我国 2007—2015 年该比重分别为 24.08%、22.06%、19.62%、17.79%、16.56%、16.45%、16.07%、14.78%、13.50%，因此尽管我国行政成本占财政支出比例逐年降低，但仍超国际水平①。过高的行政成本将挤压科教文卫等公共事业发展所需的财政资金，给财政带来极大的负担，不仅影响政府公信力的建立，危害公共秩序，也会制约我国社会经济的发展。国家治理的一个重要方面就是削减公共支出，以最低的成本获取最大的效益（Rhodes，1997），而国家审计是国家治理系统中内生的具有预防、揭示和抵御功能的"免疫系统"（刘家义，2012）。那么，国家审计是否有助于降低政府行政成本呢？

为回答这一问题，本文以 2007—2015 年我国 31 个省（自治区、直辖市）的数据为研究样本，分析并检验了国家审计对政府行政成本的影响及其作用机理，并将媒体监督纳入分析框架，考察其对二者关系的影响。研究结果表明，国家审计能够有效降低政府行政成本，媒体监督能够进一步强化国家审计与政府行政成本之间的负相关关系，并且在制度环境越完善的省（区或市），国家审计的行政成本治理效应越突出。最后，本研究还发现，国家审计能够通过降低政府行政成本发挥腐败治理效应。

本文后续部分结构安排如下：第二部分为理论分析与假设提出；第三部分为样本选择、模型设定与变量定义；第四部分为实证检验与分析；第五部分为研究结论与启示。

二、理论分析与假设提出

（一）国家审计与政府行政成本

从众多导致行政成本失控的要素中，可以清晰地发现其背后的根源是对政府权力

---

① 以上数据均来自《中国统计年鉴》，由于我国从 2007 年开始全面实施政府收支分类改革，《中国统计年鉴》中不再单独列示行政管理费用这一项目，这里以"行政管理费用"为统计口径的数据只列示到 2006 年。2006 年财政收支分类改革后，财政支出按照功能和经济性质两种分类标准进行分类，根据修订后的《2012 年政府收支分类科目》，支出功能分类类级科目包括一般公共服务、外交、国防、教育、公共安全等 25 类支出。在综合参考罗文剑（2012）、张曾莲和张敏（2017）、王家合和伍颖（2017）等学者们的观点的基础上，本文采用的口径为新统计分类中的一般公共服务、公共安全、外交三大类的加总数额构成。由于 2007 年前后两段时间对行政成本的统计口径不同，故此处分开描述。

缺乏监督。政府权力有着天然的强制性、支配性和公共性，这就使得政府权力具有不断膨胀的本能冲动，而政府职能的扩张就是政府权力自我膨胀的表现（徐振华，2016）。政府职能决定政府机构设置，政府机构设置又决定了公务员编制（周耕妥，1999）。政府权力的自我膨胀导致政府职能的扩张，继而需要更多的机构和部门与之匹配，更多的政府公务人员也随之产生。随着机构和部门及公务人员的增加，用于维持机构正常运转而消耗的办公场所设施、办公用品、水电费、会议费、差旅费、培训费用以及人员的工资福利保险等成本也将增加（徐振华，2016）。在这一链条中，政府职能的扩张成为行政成本增加的关键因素。政府职能扩张既有合理的部分，也有不合理的部分。合理的一面主要是，随着国家经济社会的快速发展，政府在参与社会管理和公共服务当中扮演的角色越来越多样化，需要担负的公共领域事务日益增多，行政成本也势必随之增加（徐振华，2016；孙娜，2018）。此类政府职能扩张导致的行政成本上升总体上是合理的。而政府职能不合理扩张主要是权力推动的，现实行政管理活动中，政府职能并非单纯依据公共事务设立，更多情况是"依权而设"，容易导致政府职能的越位、缺位、错位等严重后果（徐振华，2016），从而造成资源浪费和行政效率低下，导致政府行政成本不合理增加。此外，政府权力的特殊性使得对其进行监督相对困难，导致公共权力主体不是为公共利益服务，而是用公共权力谋求私人利益（赵永行，1999），而这也会导致政府行政成本过高。具体表现在以下两方面：一方面，政府官员具有追求预算最大化的强烈动机（Niskanen，1971），以便最大化其个人效用。当政府与社会公众之间存在信息壁垒并缺乏有效的监督机制时，政府官员有能力逃避作为委托人的社会公众的监管，以实现其预算最大化（Gonzalez 和 Mehay，1985），而这必然会导致行政成本的不合理增加；另一方面，缺乏权力的监督和问责机制使得政府权力行使具有较大程度的随意性（孙娜，2018），使得地方官员的短期经济增长行为和寻租行为任性扩大，这就容易滋生公共资源的浪费与腐败行为，从而增加政府行政成本。以上分析表明，只有找到强有力约束政府权力的机制或可行手段，才能有效控制政府支出规模的不合理膨胀，从而降低政府行政成本。

党的十八届三中全会通过的《中共中央关于全面深化改革若干重大问题的决定》强调了推进国家治理体系和治理能力现代化。国家治理主要涉及对公共权力运行和公共资源分配与利用的监督和控制。因此，监控公共权力，促使公共权力在阳光下运行，监控公共资源，促进公共资源合理有效配置，已经成为国家治理的核心（晏维龙，2017）。国家审计是国家治理系统中内生的具有预防、揭示和抵御功能的"免疫系统"（刘家义，2012），是国家治理的重要组成部分，实质上是对国家治理权力行为主体的规范与监督（谢盛纹，2012）。国家审计理应能够有效地监督公共权力的运行和公共资源的分配，可以从源头上降低由于权力膨胀导致的行政成本不合理增长，其主要原因在于：第一，国家审计源于公共受托责任关系的确立，其本质目标是监督政府的经济活动以促进政府全面有效履行其受托经济责任（蔡春，2001；蔡利和马可哪呐，2014）。为了提高国家审计在促进公共受托责任有效履行以及提高政府透明度和加强预算管理方面的作用，很多国家都在宪法中明确规定了国家审计的地位和作用。2011年审计署发布的《审计署"十二五"审计工作发展规划》明确提出，国家审计应该以预算管理和资金分配为重点，相应地，促进公共受托责任的全面有效履行、提高财政透明度和预算编制也就成为国家审计机关的重要使命。通过对政府年度预决算报告进行审计，国家审计有助于提高财政透明度和行政透明度，可以缓解国家治理过程中的"逆向选择"和"道德风险"问题，进而实现对政府部门行政成本的控制。此外，加强预算管理能够减少制度外收费、"小金库"等情况，降低官员对资金自由支配以及过度用于自身消费的可能性，从而降低行政成本。国家审计通过监控财政资金使用的效率、效果情况，有助于提升地方政府财政资金的使用效率、合理配置经济资源，使财政资金的效用得到更大程度的发挥，从而有效降低地方行政成本的支出。第二，政府对公共资源的分配、占用以及使用构成政府公共权力（彭韶兵和周兵，2009），而经济责任审计能规范公共经济权力的有效运行（刘更新，2010；李江涛等，2011），促进政府责任有效履行，约束官员的不法行为（黄溶冰和王跃堂，2010；Reichborn，2013），这将使得由于权力随意滥用而导致的不合理政府行政成本支出得到控制。因此本文预期，国家审计能在降低政府行政成本方面发挥重要作用。综上，提出假设1：

H1：在其他条件不变的情况下，国家审计能够有效降低政府行政成本。

（二）国家审计、媒体监督与行政成本

作为社会民主监督机制的重要组成部分之一，媒体监督在政府治理中发挥了重要作用（Besley 和 Prat，2006）。从独立性角度来看，媒体代表社会公众的利益，与审计机关、政府部门都保持着较高的独立性。但媒体监督与国家审计有着寻求"公正"的一致目标，媒体监督能在国家审计治理中起到协同效应，提升国家审计绩效（王会金，2013；王慧敏和王会金，2014）。首先，审计信息资源的不足严重影响了国家审计的效率与深度（徐薇，2015），而媒体作为信息中介，能够通过其专业的技能和强大的平台优势降低信息获取难度和发现问题的成本（吕敏康和刘拯，2015；周兰和耀友福，2015），这拓展了信息传递的广度与宽度，为国家审计提供了信息渠道，加强了国家审计在审查政府不良行政成本支出方面的资源投入。其次，媒体对审计发现和处理的违法违规问题进行报道，相关违法违规人员也将被置于媒体曝光与公众拷问之下，巨大的舆论压力将有效地推动审计整改结果的落实，涉案单位也会因此重视自身整改情况，以避免新一轮的舆论压力和拷问，从而达到有效降低政府不良行政支出的目的。最后，由于社会公众对国家审计的职责与权限了解不深（彭华彰等，2013），媒体通过宣传政府审计工作，可以加强公众对国家审计的认知程度，这将促进普通大众为审计机关提供更多线索，从而有助于国家审计效率的提高，最终实现政府行政成本更大幅度的降

低。综上分析,提出本文的假设 2:

H2:其他条件不变,媒体监督能加强国家审计与政府行政成本之间的负相关关系。

三、样本选择、模型设定与变量定义

(一) 样本选择和数据来源

以 2007—2015 年我国 31 个省、自治区和直辖市的数据为初始研究样本,经过数据筛选,最终得到 279 个样本。为避免极端值的影响,我们对所有连续变量进行了 1%~99% 水平的 Winsorize 处理。有关研究数据主要来自 2007—2015 年《中国统计年鉴》《中国财政年鉴》以及《中国审计年鉴》,各省网民数量数据来自 2008—2016 年中国互联网信息中心发布的《中国互联网络发展状况统计报告》。本文运用 STATA14.0 软件进行数据分析处理。

(二) 模型设定

为检验国家审计与政府行政成本的关系,本文借鉴李明和聂召 (2014)、朱荣 (2014)、刘泽照和梁斌 (2015)、陈丽红等 (2016)、傅樵和高晓雅 (2018) 的研究,构建回归模型 (1) 与回归模型 (2)。与模型 (1) 的差异在于模型 (2) 增加了媒体监督 ($Ntzen$) 及其与当期国家审计变量的交乘项,用于考察国家审计与媒体监督对政府行政成本的交互影响。具体见公式 (1) 和公式 (2) 所示:

$$Govcost_{i,t} = \beta_0 + \beta_1 Audit_{i,t} + \beta_2 CZ_{i,t} + \beta_3 GS_{i,t} + \beta_4 Growth_{i,t} + \beta_5 Open_{i,t} + \beta_6 Edu_{i,t} + \beta_7 Pop_{i,t} + \beta_8 Region_{i,t} + \sum Year + \varepsilon_{i,t} \quad (1)$$

$$Govcost_{i,t} = \beta_0 + \beta_1 Audit_{i,t} + \beta_2 Audit_{i,t} \times Ntzen_{i,t} + \beta_3 Ntzen_{i,t} + \beta_4 CZ_{i,t} + \beta_5 GS_{i,t} + \beta_6 Growth_{i,t} + \beta_7 Open_{i,t} + \beta_8 Edu_{i,t} + \beta_9 Pop_{i,t} + \beta_{10} Region_{i,t} + \sum Year + \varepsilon_{i,t} \quad (2)$$

(三) 变量定义

1. 国家审计。本文拟从国家审计投入 ($Audtr$) 和国家审计问责 ($Audwz$) 两个维度对国家审计质量进行量化。参照刘雷等 (2014)、陈丽红等 (2016)、王静和包翰林 (2018)、傅樵和高晓雅 (2018) 的研究,将国家审计投入 ($Audtr$) 定义为审计人员数量的自然对数,国家审计问责力度 ($Audwz$) 则以查出问题金额的自然对数进行测度。

2. 媒体监督。借鉴王会金和马修林 (2017) 以及朱荣 (2014) 的研究,按照《中国互联网络发展状况统计报告》公布的各省网民数量,经地区人口总数调整后进行分组,若各省网民数量经调整后大于样本中位数则媒体监督指标 ($Ntzen$) 取值为 1,表示媒体监督较强,否则 $Ntzen$ 取值为 0,表示媒体监督较弱。

3. 政府行政成本。借鉴王家合和伍颖 (2017)、何晴 (2014) 的研究,将政府行政成本定义为政府行政支出。从统计口径上来看，在2006年财政收支分类改革之前，行政支出项目主要包括行政管理费（狭义）、公检法司支出、武警、外交外事支出、外援支出以及税务、统计和财政、审计等部门的事业费等（按照支出用途分类），也就是《中国统计年鉴》中所统计的按功能性质分类的行政管理费（广义）。2006年财政收支分类改革后，行政支出按照功能和经济性质两种标准进行分类，根据修订后的《2012年政府收支分类科目》，支出功能分类类级科目包括一般公共服务、外交、国防、公共安全等类支出①。据此，罗文剑（2013）和谭桔华（2014）等学者们广泛采纳的口径是：国家层面的行政支出应由新统计分类中的一般公共服务、公共安全、外交三个大类的加总数额构成；在地方政府层面，行政支出应由一般公共服务和公共安全两项加总构成。本文采用的是将一般公共服务、公共安全、外交三个大类的加总数并经地方人口数进行调整，取人均行政成本的自然对数作为政府行政成本的测度指标。

4. 控制变量。借鉴已有研究，本文还控制了以下变量：财政状况（CZ）、政府规模（GS）、人口增长率（$Growth$）、贸易开放度（$Open$）、人力资本（Edu）、人口密度（Pop）、地区虚拟变量（$Region$）和年度虚拟变量（$Year$）等。具体定义如表1所示。

表1　　　　　　　　　　变量说明表

	变量符号	变量名称	变量定义	选取依据
被解释变量	$Govcost$	行政成本	当年统计年鉴中的行政成本的总数，并用地方人口数进行调整，取人均行政成本的自然对数表示	本文借鉴王家合和伍颖（2017）、何晴（2014）的研究，用行政支出来度量行政成本高低
解释变量	$Audtr$	国家审计投入	用审计人员数量的自然对数	刘雷等（2014）、陈丽红等（2016）、王静和包翰林（2018）等的研究
	$Audwz$	国家审计问责	查出问题金额的自然对数	
	$Ntzen$	媒体监督	以媒体监督进行中位数分组，若经地区总人口数量调整后网民数量大于中位数，取值为1，否则为0	借鉴朱荣（2014）、王会金和马修林（2017）的研究

① 《2012年政府收支分类科目》是在《2011年政府收支分类科目》的基础上，根据财政部相关文件规定，并结合预算管理工作的实际需要修订的。详情参见《2012年政府收支分类科目》和《2011年政府收支分类科目》。

续表

	变量符号	变量名称	变量定义	选取依据
控制变量	CZ	财政状况	财政支出与财政收入之比	参考李明和聂召（2014）、朱荣（2014）、刘泽照和梁斌（2015）、陈丽红等（2016）以及傅樵和高晓雅（2018）的研究
	GS	政府规模水平	政府公共收入占GDP比值	
	Growth	人口增长率	使用人口自然增长率表示	
	Open	经济开放程度	进出口总额与GDP的比值	
	Edu	人力资本	地区人均受教育年限	
	Pop	人口密度	每平方公里人口数	
	Region	地区虚拟变量	东部地区取值为1，其他地区为0	
	Year	年度	年度虚拟变量	

四、实证检验与分析

（一）描述性统计分析

表2是主要变量的描述性统计结果。

表2　　　　　　　　主要研究变量的描述性统计结果

变量	统计量	平均值	均方差	最小值	中位数	最大值
Govcost	279	7.107	0.472	6.084	7.072	9.165
Audtr	279	2.305	0.167	1.887	2.292	2.775
Audwz	278	6.902	0.513	5.125	6.926	8.107
Ntzen	279	0.502	0.501	0	1	1
CZ	279	2.575	2.119	1.052	2.206	15.62
GS	279	0.103	0.0309	0.0560	0.0969	0.220
Growth	279	0.0541	0.0270	-0.00600	0.0540	0.118
Open	279	0.313	0.378	0.0357	0.141	1.721
Edu	279	8.634	1.167	4.222	8.676	12.28
Pop	279	436.8	657.3	2.407	268.9	3800
Region	279	0.323	0.468	0	0	1

表2显示，变量政府行政成本（Govcost）的均值为7.107，最大值为9.165，最小值为6.084，均方差为0.472，表明我国各省行政成本支出存在较大差异。国家审计投入力度（Audtr）的均值为2.305，最大值为2.775，最小值为1.887，均方差为0.167，表明国家审计的投入较大，且国家审计的投入在各省区市之间存在较大差异；国家审计问责力度（Audwz）均值为6.902，最大值为8.107，最小值为5.125，均方差为0.513，表明国家审计问责力度较大，且同样各省区市之间国家审计问责力度也存在较大的差异。在控制变量方面，我国31个省、自治区和直辖市在财政状况、政府规模水平、经济开放度等方面均存在较大的差异，这也与我国各省区市经济社会发展相对不平衡的实际情况基本吻合。

（二）多元回归分析

本文基于混合面板数据采用最小二乘法（OLS）对模型（1）进行回归，从国家审计投入与国家审计问责的双重视角检验国家审计与政府行政成本的关系，回归结果如表3列（1）和列（3）所示。表3列（1）显示，国家审计投入（Audtr）与政府行政成本（Govcost）的相关系数为-0.4471且在1%水平上显著，即二者显著负相关；表3列（3）显示国家审计问责力度（Audwz）与政府行政成本（Govcost）的相关系数为-0.1546且在1%水平上显著，意味着国家审计问责力度越大，政府行政成本将越低。列（1）和列（3）的检验结果综合表明，国家审计能够降低政府行政成本，即假设1得到了支持。

表3的列（2）和列（4）是运用模型（2）对假设2进行检验的结果。列（2）显示，国家审计投入（Audtr）与政府行政成本（Govcost）的交乘项 $Audtr \times Ntzen$ 的系数在1%的水平上显著为负，该检验结果意味着媒体监督能够增强国家审计投入与政府行政成本之间的负相关关系；列（4）显示，国家审计问责力度（Audwz）与政府行政成本（Govcost）的交乘项 $Audwz \times Ntzen$ 的系数为负且在5%的水平上显著，该检验结果同样意味着媒体监督能够加强国家审计问责力度与政府行政成本之间的负相关关系。上述研究结果综合表明，媒体监督能够加强国家审计与政府行政成本之间的负相关关系。

此外，控制变量的回归结果显示，政府行政成本与财政状况（CZ）、政府规模水平（GS）、经济开放度（Open）、人力资本（Edu）等呈显著正相关关系，与人口密度（Pop）呈显著负相关关系。可见，政府行政成本在政府财政状况好的时候会增加；政府规模越大，其行政成本也会越高；经济开放度与人力资本会导致政府行政成本的增长，而人口密度则有助于降低政府行政成本。上述回归中，主要变量的方差膨胀因子（VIF值）均小于5，表明主要变量之间不存在严重的共线性问题。

表 3　　　　　　　　　多元回归结果

变量名	(1)	(2)	(3)	(4)
$Audtr$	-0.4471***	-0.1531		
	(-4.50)	(-1.13)		
$Audtr \times Ntzen$		-0.4721***		
		(-2.80)		
$Ntzen$		1.2305***		
		(3.21)		
$Audwz$			-0.1546***	-0.0567
			(-3.99)	(-1.11)
$Audwz \times Ntzen$				-0.1141**
				(-2.24)
$Ntzen$				0.9331***
				(2.63)
CZ	0.1682***	0.1754***	0.1561***	0.1623***
	(19.42)	(19.32)	(15.94)	(16.37)
GS	6.8388***	6.7301***	5.5873***	5.6237***
	(11.53)	(11.91)	(9.07)	(9.45)
$Growth$	0.0403	0.1439	-0.3807	-0.3050
	(0.08)	(0.29)	(-0.74)	(-0.61)
$Open$	0.3637***	0.3296***	0.2846***	0.2273***
	(5.24)	(4.92)	(4.28)	(3.48)
Edu	0.1155***	0.1189***	0.1010***	0.0929***
	(5.72)	(5.78)	(5.05)	(4.72)
Pop	-0.0002***	-0.0001***	-0.0001***	-0.0001***
	(-5.96)	(-5.46)	(-5.07)	(-4.76)
$Region$	0.1316***	0.0975**	0.1748***	0.1415***
	(3.26)	(2.47)	(4.48)	(3.63)
常数	5.6285***	4.9311***	5.8935***	5.3177***
	(21.76)	(12.90)	(16.84)	(12.56)
年度	控制	控制	控制	控制
样本数	279	279	278	278
R^2	0.8527	0.8680	0.8478	0.8595
F	94.7914	95.0210	90.8377	88.0302

说明：*** 表示 1% 的显著性水平，** 表示 5% 的显著性水平，* 表示 10% 的显著性水平。括号中为 t 值，下文同。

（三）拓展性检验

1. 国家审计、制度环境与政府行政成本。国家审计的治理功效必须是在一定的制度环境下才能发挥（唐雪松等，2012；田开友和李西泠，2014）。制度环境能为审计机关提供高质量的审计供给，有利于审计机关提高审计效率。那么，国家审计是否会因为良好的制度环境提高审计机关对被审计单位的审计效率进而更加有效地促进行政成本的降低呢？本文设置了代表制度环境的虚拟变量 MKT，采用王小鲁等（2017）提供的地区市场化进程指数，该指标值越高则代表地方审计机关所处的制度环境越好，将制度环境进行 4/5 位数分组，大于 4/5 位数的取 1，代表制度环境好；反之，取 0，代表制度环境不好。相关的多元回归结果见表 4。

表 4　　　　　国家审计、制度环境与政府行政成本

变量名	(1)	(2)
Audtr	−0.3374***	
	(−3.16)	
Audtr×MKT	−0.5837***	
	(−2.65)	
MKT	1.3566***	
	(2.66)	
Audwz		−0.1586***
		(−3.88)
Audwz×MKT		0.0266
		(0.36)
MKT		−0.1500
		(−0.28)
CZ	0.1805***	0.1562***
	(18.53)	(15.84)
GS	7.2196***	5.5642***
	(11.89)	(9.00)
Growth	0.1264	−0.3402
	(0.24)	(−0.65)
Open	0.4137***	0.2577***
	(5.17)	(3.47)
Edu	0.1401***	0.1032***
	(6.36)	(5.11)

续表

变量名	(1)	(2)
Pop	-0.0002***	-0.0001***
	(-5.98)	(-5.11)
Region	0.1201***	0.1693***
	(2.97)	(4.28)
常数	5.1038***	5.9043***
	(15.79)	(16.38)
年度	控制	控制
样本数	279	278
R^2	0.8566	0.8483
F	86.2950	80.4759

表4列（1）显示，国家审计投入（Audtr）与市场化进程指数（MKT）的交乘项 $Audtr \times MKT$ 的系数为负且在1%的水平上显著，该检验结果意味着好的制度环境能够增强国家审计投入与政府行政成本之间的负相关关系，也就是说良好的制度环境能够提供优质的审计供给，以提高审计投入回报率，从而有助于降低政府行政成本。表4列（2）显示，国家审计问责（Audwz）与市场化进程指数（MKT）的交乘项 $Audwz \times MKT$ 的系数并不显著，该检验结果意味着制度环境可能还不能够加强国家审计问责力度与政府行政成本之间的负相关关系。

2. 腐败治理的路径检验。前文已分析并检验了国家审计能有效降低政府行政成本。那么，国家审计能否通过降低政府行政成本以压缩官员的权力寻租空间，从而提高腐败治理效应呢？本部分将检验国家审计是否能通过降低政府行政成本进而实现对腐败的有效治理。参考温忠麟等（2004）的检验方法，具体步骤如下：首先，将所有的连续变量做中心化处理；其次，将国家审计分为国家审计投入和国家审计问责两组，每组分别构建三个检验模型。第一组如公式（3）、公式（4）和公式（5）所示：

$$Corr_{i,t} = \alpha_0 + \alpha_1 Audtr_{i,t} + \sum \alpha Controls + \varepsilon_{i,t} \qquad (3)$$

$$Govcost_{i,t} = \beta_0 + \beta_1 Audtr_{i,t} + \sum \beta Controls + \varepsilon_{i,t} \qquad (4)$$

$$Corr_{i,t} = \lambda_0 + \lambda_1 Audit_{i,t} + \lambda_2 Govcost_{i,t} + \sum \lambda Controls + \varepsilon_{i,t} \qquad (5)$$

第二组如公式（6）、公式（7）和公式（8）所示：

$$Corr_{i,t} = \alpha_0 + \alpha_1 Audwz_{i,t} + \sum \alpha Controls + \varepsilon_{i,t} \qquad (6)$$

$$Govcost_{i,t} = \beta_0 + \beta_1 Audwz_{i,t} + \sum \beta Controls + \varepsilon_{i,t} \qquad (7)$$

$$Corr_{i,t} = \lambda_0 + \lambda_1 Audwz_{i,t} + \lambda_2 Govcost_{i,t} + \sum \lambda Controls + \varepsilon_{i,t} \qquad (8)$$

以上模型中 Controls 为控制变量,并且与前文一致。Corr 代表腐败,采用每万公职人员犯罪数量来表示腐败程度(刘勇政和冯海波,2011;刘泽照和梁斌,2015)。首先,检验国家审计是否会提升腐败治理效应,如若 α_1 显著则进行下一步骤检验,否则表明国家审计与腐败治理不相关,停止中介检验;其次,依次检验国家审计是否降低政府行政成本以及政府行政成本的降低是否进一步提升腐败治理效应,如若系数 β_1 和 λ_2 都显著,则检验 λ_1 的显著性,否则进行 Sobel 检验。如图 1 所示。

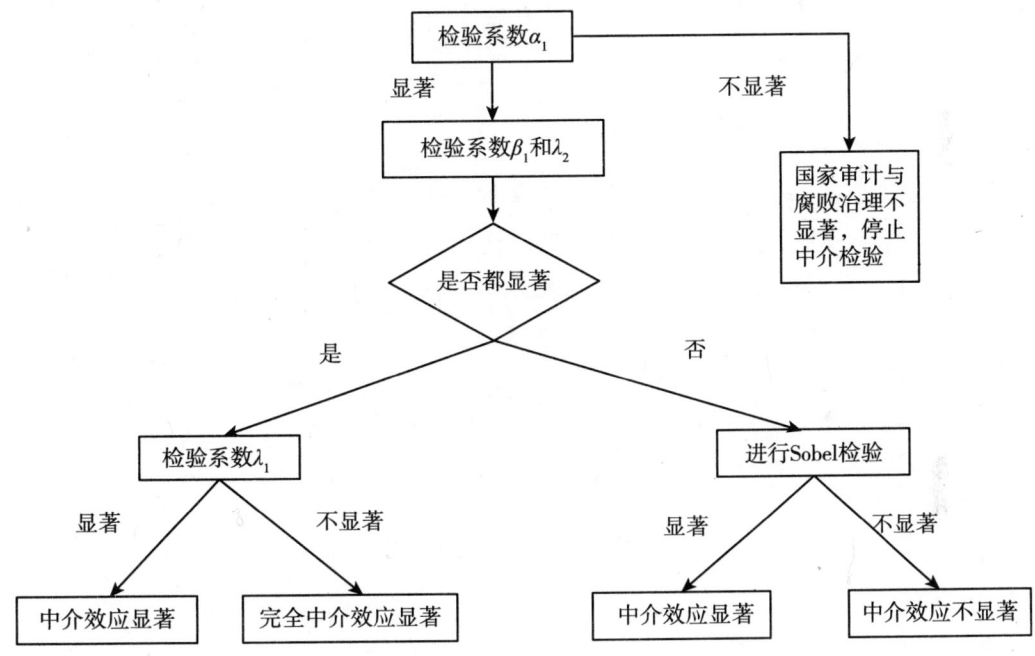

图 1 国家审计影响腐败的中介效应检验程序

表 5 是第一组中介检验的回归结果。表 5 显示,当因变量为腐败(Corr),自变量为国家审计投入(Audtr)时,系数 α_1 在 1% 的水平上显著为负,表明国家审计投入与腐败显著负相关,可进行下一步检验。因变量为政府行政成本(Govcost),自变量为国家审计投入(Audtr)时,系数 β_1 亦在 1% 的水平上显著为负,表明国家审计投入与政府行政成本显著负相关。当因变量为腐败(Corr),自变量为国家审计投入(Audtr)和政府行政成本(Govcost)时,系数 λ_2 在 1% 的水平上显著为负,且 λ_1 也在 1% 水平上显著为负。由图 1 可知中介检验完全显著,进而验证了国家审计(国家审计投入)通过降低政府行政成本提高腐败治理效应这一路径成立。

表5　第一组的中介检验的回归结果

变量	第一步 因变量为 Corr 系数 α_1	第二步 因变量为 Govcost 系数 β_1	第三步 因变量为 Corr 系数 λ_1	系数 λ_2
Audtr	-14.3748*** (-4.84)	-0.4471*** (-4.50)	-17.2086*** (-5.66)	
Govcost				-6.3124*** (-3.25)
控制变量	控制	控制	控制	
年度	控制	控制	控制	
样本数	277	279	277	

表6是第二组中介检验的回归结果。

表6　第二组的中介检验的回归结果

变量	第一步 因变量为 Corr 系数 α_1	第二步 因变量为 Govcost 系数 β_1	第三步 因变量为 Corr 系数 λ_1	系数 λ_2
Audwz	-4.4859*** (-3.76)	-0.1546*** (-3.99)	-5.0984*** (-4.19)	
Govcost				-4.4670** (-2.20)
控制变量	控制	控制	控制	
年度	控制	控制	控制	
样本数	276	278	276	

表6显示，当因变量为腐败（Corr），检验变量为国家审计问责（Audwz）时，系数 α_1 在1%的水平上显著为负，表明国家审计问责与腐败显著负相关，可进行下一步检验。因变量为政府行政成本（Govcost），检验变量为国家审计问责（Audtr）时，系数 β_1 亦在1%的水平上显著为负，表明国家审计问责与政府行政成本显著负相关。当因变量为腐败（Corr），检验变量为国家审计问责（Audwz）和政府行政成本（Govcost）时，系数 λ_2 在5%的水平上显著为负，且 λ_1 也在1%水平上显著为负。由图1可知中介检验完全显著，进而也验证了国家审计（国家审计问责）通过降低政府行政成本提高腐败治理效应这一路径成立。

上述研究结果综合表明，国家审计通过降低政府行政成本来提高腐败治理效应这一路径成立。也就是说，国家审计通过降低政府行政成本有助于压缩官员的寻租空间，减少官员犯罪，最终抑制腐败的产生。

（四）稳健性检验

为增加研究结论的可靠性，本文进行了如下的稳健性检验[①]：首先，为了避免政府行政成本这一指标的效度受通货膨胀因素的干扰，将回归模型中的政府行政成本置换为经过年度通货膨胀率调整的政府行政成本，所得结论不变。其次，参考刘雷等（2014）、朱荣（2014）的研究，本文在模型中将国家审计投入和国家审计问责滞后一期重新进行多元回归，假设1和假设2的结论依然得到支持。最后，借鉴朱荣（2014）、陈丽红等（2016）的研究，用被审计单位数（Auditor）作为国家审计投入的替代变量以及审计促进整改落实有关问题资金（Audre），即已上缴财政、已减少财政拨款或补贴、已归还原渠道资金、已缴纳其他资金、已调账处理金额的自然对数作为国家审计问责的代替变量代入模型中检验，所得结果与原有结论保持一致。

五、研究结论与启示

以2007—2015年我国31个省、自治区和直辖市为研究样本，实证分析了国家审计是否会对政府行政成本产生影响，以及媒体监督对此的促进作用。研究发现，国家审计投入越多，就越有利于降低政府行政成本；国家审计问责力度也与政府行政成本呈负相关关系；而媒体监督能够促进国家审计与政府行政成本的这一负相关关系。进一步的研究表明，良好的制度能够为国家审计提供一个高效率工作的环境，有利于促进国家审计对政府行政成本的治理效应。此外，国家审计还能够通过降低政府行政成本进而提高腐败治理效应。本研究不仅丰富了国家审计功能相关的文献，也为降低政府行政成本及腐败治理提供了经验证据与应对思路。

主要参考文献

蔡春.2001.审计理论结构研究.大连：东北财经大学出版社，31—39。
蔡利，马可哪呐.2014.政府审计与国企治理效率——基于央企控股上市公司的经验证据.审计研究，6：48—56。
陈丽红，张龙平，朱海燕.2016.国家审计能发挥反腐败作用吗？.审计研究，3：48—55。

[①] 限于篇幅，本文未报告稳健性检验的结果，如有需要可向作者索要。

傅樵, 高晓雅 . 2018. 政府审计、媒体关注与腐败治理 . 财会月刊, 14: 133—142。
何晴 . 2014. 中国行政成本经验研究文献综述 . 首都经济贸易大学学报, 2: 123—128。
黄溶冰, 王跃堂 . 2010. 我国省级审计机关审计质量的实证分析 . 会计研究, 6: 70—76。
李江涛, 苗连琦, 梁耀辉 . 2011. 经济责任审计运行效果实证研究 . 审计研究, 3: 14—18。
李明, 聂召 . 2014. 国家审计促进地方经济发展的作用研究——来自省级地方政府的经验证据 . 审计与经济研究, 6: 36—41。
刘更新 . 2010. 经济责任审计的运行机制及其治理效率研究 . 西南财经大学博士论文。
刘家义 . 2012. 国家治理与国家审计 . 中国社会科学, 6: 60—72。
刘雷, 崔云, 张筱 . 2014. 政府审计维护财政安全的实证研究——基于省级面板数据的经验证据 . 审计研究, 1: 35—42 + 52。
刘泽照, 梁斌 . 2015. 政府审计可以抑制腐败吗?——基于 1999～2012 年中国省级面板数据的检验 . 上海财经大学学报, 17 (1): 42—51。
刘勇政, 冯海波 . 2011. 腐败、公共支出效率与长期经济增长 . 经济研究, 9: 17—28。
罗文剑 . 2013. 政府行政成本控制问题 . 南昌大学博士论文。
吕敏康, 刘拯 . 2015. 媒体态度、投资者关注与审计意见 . 审计研究, 3: 66—74。
彭华彰, 刘晓靖, 黄波 . 2013. 国家审计推进腐败治理的路径研究 . 审计研究, 4: 63—68。
彭韶兵, 周兵 . 2009. 公共权力的委托代理与政府目标经济责任审计 . 会计研究, 6: 18—22 + 96。
孙娜 . 2018. 我国政府规模扩张的生成逻辑与改革路径 . 湖北行政学院学报, 4: 58—62。
唐雪松, 罗莎, 王海燕 . 2012. 市场化进程与政府审计作用的发挥 . 审计研究, 3: 25—31。
谭桔华 . 2014. 政府行政成本比较研究 . 行政与法, 8: 1—5。
田开友, 李西泠 . 2014. 试论财政审计工作报告制度的法制建设 . 中南大学学报(社会科学版), 20 (03): 107—112。
王会金, 马修林 . 2017. 政府透明度、媒体监督与政府审计绩效——基于省级面板数据的经验研究 . 审计与经济研究, 3: 86—94。
王会金 . 2013. 协同视角下的政府审计管理研究 . 审计与经济研究, 6: 12 - 19。
王慧敏, 王会金 . 2014. 新媒体背景下政府审计与媒体监督的关系协调 . 会计之友, 19: 50—53。
王家合, 伍颖 . 2017. 我国现阶段行政成本的实际测量及影响因素分析——基于 2007～2015 年省级面板数据 . 当代经济管理, 7: 49—55。
王静, 包翰林 . 2018. 国家审计是否带来了财政资金安全?——来自地方审计机关的经验证据 . 南京审计大学学报, 6: 10—19。
王小鲁, 樊纲, 余静文 . 2017. 中国分省份市场化指数报告(2016) . 北京: 社会科学文献出版社, 1—214。
温忠麟, 叶宝娟 . 2014. 中介效应方法: 方法和模型发展 . 心理科学进展, 22 (5): 731—745。
谢盛纹 . 2012. 国家治理视角下的政府审计目标与对象 . 当代财经, 4: 122—128。
徐薇 . 2015. 国家审计监督全覆盖的实现路径研究 . 审计研究, 4: 6—10。
徐振华 . 2016. 政府行政成本治理的影响模型分析——基于权力"瘦身"的逻辑视角 . 领导科学,

8：15—17。

晏维龙．2017．国家治理框架下国家审计体系和能力现代化研究．北京：人民出版社，1—11。

周耕妥．1999．论政府权力扩张的形成原因．江西行政学院学报，1：15—22。

周兰，耀友福．2015．媒体监督、审计契约稳定性与审计质量．外国经济与管理，7：59—74。

朱荣．2014．国家审计提升政府透明度的实证研究——来自省级面板数据的经验证据．审计与经济研究，3：23—30。

赵永行．1999．论公共权力异化及其对策．四川师范学院学报（哲学社会科学版），4：45—49。

张增连，张敏．2017．政府行政成本提升政府绩效的门槛效应研究——基于2010—2015年省级政府面板数据的实证分析．财经理论与实践，5：73—78。

Besley, T., & A. Prat. 2006. Handcuffs for the grabbing hand? Media capture and government accountability. *The American Economic Review*, 96 (3): 720 – 736.

Gonzalez, R., & S. Mehay. 1985. Bureaucracy and the divisibility of local public output. *Public Choice*, 45 (1): 89 – 101.

Niskanen, W. A. 1971. Bureaucracy and representative government. *Chicago & New York*: Aldine Atherton, 233 – 235.

Reichborn – Kjennerud, Kristin. 2003. Political accountability and performance audit: The case of the audit general in Norway. *Public Administration*, 91 (3): 680 – 695.

Rhodes, R. A. W. 1996. The new governance: governing without government. *Political Study*, 44: 652 – 653.

Svensson, J. 2005. Eight questions about corruption. *Journal of Economics*, 19: 19 – 42.

State Audit, Media Supervision and Government Administrative Cost

Yigang Liao, Xunyang Gong

Abstract: Based on the data of 31 provinces (autonomous regions and municipalities directly under the Central Government) in China from 2007 to 2015, this paper empirically examines the function of national audit in reducing government administrative costs and the role of media supervision in promoting the relationship between them. Specifically speaking, from the perspective of national audit investment, the more national audit investment, the more effective it is to reduce government administrative costs; from the perspective of national audit accountability, the stronger the national audit accountability, the more conducive to reducing government administrative costs; and media supervision can play a catalytic role in the relationship of national audit reducing government administrative costs. Further tests show that the improvement of the institutional environment helps strengthen the negative correlation between the input of national audit and the accountability of audit and the administrative cost of government; moreover, national audit can improve the governance effect of corruption by reducing the administrative cost of government.

Keywords: State audit; Media supervision; Government administrative cost

股权质押与会计稳健性*

于李胜　郑天宇　余阳洋　庄　婕

【摘　要】 本文采用我国沪深两市 A 股上市公司 2009—2016 年的数据检验了股权质押和会计稳健性的关系。研究发现，存在股权质押的上市公司会计稳健性会降低，股权质押与会计稳健性的负相关关系在非国有企业与经营业绩较差的企业中更显著。研究结果表明，在股权质押后上市公司会通过提前释放"好消息"和隐藏"坏消息"的方式进行市值管理。本文认为财务报告使用者应该重视股权质押后上市公司会计信息质量下降的风险，同时监管机构应做好应对股权质押带来的系统性金融风险的防范工作。

【关键词】 股权质押；会计稳健性；产权性质；经营业绩

一、引言

股权质押作为新型融资手段，为上市公司股东提供了便捷、迅速的融资渠道。

收稿日期：2019 - 01 - 25

作者简介：于李胜，男，博士，厦门大学管理学院会计系教授；郑天宇（通讯作者），男，厦门大学管理学院会计系硕士生，17520161151091@ stu. xmu. edu. cn；余阳洋，男，厦门大学管理学院 MPACC 中心硕士生；庄婕，女，厦门大学管理学院会计系硕士生。

* 作者感谢审稿人对本文的宝贵意见，但文责自负。

2017年我国A股上市公司已有超过3300家公司存在股权质押情况，且平均上市公司股票质押率达到15%[①]。随着近年来我国股市的剧烈波动，股权质押的上市公司面临的强制平仓风险受到了广泛的关注。股权质押的股票一旦价格下跌至平仓价格，质权人有权要求出质人补充担保或者提前偿还借款，如果出质人无法满足质权人的上述需求，质权人有权出售其质押股票，这可能会进一步加剧股票价格下跌，形成系统性金融风险。因此，存在股权质押的上市公司有较强的市值管理动机（郑国坚等，2014），其往往会通过会计政策的选择进行正向盈余管理以达到稳定股票价格的目的（蒋秋菊等，2017；谢德仁等，2017），这增加了上市公司信息不对称程度，降低了会计稳健性水平。另外，股权质押后控股股东也有可能促使上市公司提高经营业绩来降低股价下跌的风险（谢德仁等，2016），而质权人也会促使上市公司提高公司治理水平以保证质押品质量（谭燕和吴静，2013）。来自控股股东的"监督作用"和质权人的"激励作用"均有可能对公司会计稳健性水平发挥积极作用。本文主要研究上市公司股东股权质押对公司会计稳健性究竟会产生怎样的影响。

本文的贡献主要有以下两个方面：第一，本文丰富了股权质押经济后果相关研究。与韩琳等（2019）的研究结果有所不同，本文发现股权质押与会计稳健性呈负相关关系，并检验了产权性质与经营业绩对二者负相关关系的调节作用。研究结果表明上市公司股权质押后，会通过提前公布"好消息"和隐藏"坏消息"的手段，降低会计稳健性以达到市值管理的目的。因此股权质押的上市公司股价存在较大风险，随着"坏消息"的累计，在质押结束后面临着的股价崩盘风险显著提高（谢德仁等，2016）。第二，本文为财务报告使用者应对股权质押带来的风险提供了一定理论基础。股权质押后，上市公司的市值管理行为损害了公司会计信息质量，不利于财务报告使用者做出合理的投资决策，应当受到监管者、投资者与债权人的高度关注。

本文后续部分结构安排如下：第二部分是文献回顾与假设提出，第三部分是样本选择与模型设计，第四部分是实证结果，第五部分是内生性和稳健性检验，最后是全文的结论。

二、文献回顾与假设提出

会计稳健性，又称为会计谨慎性，是会计信息质量的基本要求之一。会计稳健性强调公司在处理不确定的经济业务时，应持谨慎的态度。Basu（1997）认为会计人员在财务报表处理过程中存在一种倾向，即在确认收益之类"好消息"所需要的可验证程度要显著高于损失之类的"坏消息"。会计稳健性对于减轻债券持有人和股东之间

---

① 作者根据万得（WIND）统计数据整理计算得到。

的代理冲突及降低企业的债务成本有重要作用（Ahmed 和 Duellman，2007），会计稳健性和抵押是债务契约当中缓解借贷双方由于信息不对称引起的代理问题的有效工具。与传统的担保融资相比，采用股票进行质押融资的方式更加便捷，面临相对较少的监管，在办理质押登记的当日即可获得融资，这使其倍受上市公司股东的青睐。

尽管上市公司股东在进行股权质押后带来的股东"监督作用"能够改善其经营管理水平（王斌和宋春霞，2015），质权人也会发挥其对于质押品的"激励作用"促使上市公司提高公司治理水平（谭燕和吴静，2013）。然而，由于在股权质押的时机把握上，控股股东倾向于在股价被高估时进行股权质押（徐寿福和陈晶萍，2016），以获得更高的融资额。被高估的股票作为质押品具有较高的风险，一旦出现"熊市"或者上市公司基本面信息恶化，股价下跌，控股股东就会面临提前偿还借款、追加保证金甚至股票被强制平仓丧失控制权的局面，因此控股股东有着较强的市值管理动机（郑国坚等，2014）。常见的市值管理方式包括通过会计政策选择进行正向盈余管理和干预上市公司临时公告等（李常青和幸伟，2017；谢德仁等，2017）。上述行为均表现为上市公司倾向于提前披露"好消息"并隐藏"坏消息"，损害了上市公司会计稳健性。在此基础上，本文提出假设H1：

H1：在其他条件相同的情况下，上市公司股权质押与会计稳健性水平负相关。

从中国制度环境安排的角度来看，国有控股上市公司有着天然的"优势"。一方面，国有控股上市公司能够通过较低的成本获得银行贷款等资金支持，所以其股权质押之后的追加担保和还款的资金约束都比较低。另一方面，在现有的法律制度下，不允许国有股权被强制平仓，这也给了国有控股股东较大的余地。Chen等（2010）的研究表明，国有企业的会计稳健性低于非国有企业，债权人及控股股东对会计稳健性的需求较低。相对于国有控股上市公司，非国有控股上市公司股权质押控股股东往往要承受更大的股价崩盘风险，而债权人也面临着更大的资金偿还及追加担保的风险，因此倾向采用更加激进的会计政策，在这里提出假设H2：

H2：在其他条件相同的情况下，相对于国有控股上市公司，非国有控股上市公司的会计稳健性与股权质押的负相关关系更显著。

从公司层面而言，经营业绩较好的公司股票的价格风险较低，因此市值管理的动机也较低，而经营业绩较差企业很可能会通过会计政策选择进行收入操纵以满足其盈余管理及缓解业绩压力的目的（Francis等，2004），这加剧了企业与投资者之间信息不对称程度，损害了企业收入信息质量，增加了企业信息不对称风险。基于上述分析提出假设H3：

H3：在其他条件相同的情况下，相对于经营业绩较差的上市公司，经营业绩较好的上市公司的会计稳健性与股权质押的负相关性更弱。

三、样本选择与模型设计

（一）数据与样本

本文以2009—2016年我国A股上市公司为样本，研究股权质押对于会计稳健性的影响。本文根据国泰安（CSMAR）股权质押数据库并手工整理后得到股权质押的数据，其他财务数据均来自万得（Wind）和国泰安（CSMAR）数据库金融数据库，并进行了交叉核对。样本筛选情况如下：（1）剔除金融类企业；（2）剔除ST和*ST的观测值；（3）剔除数据缺失的观测值。最终获得16379个观测值。本文所有数据的整理、计算和回归过程所使用的软件为STATA 14。为了避免极值的影响，本文对主要连续变量进行了上下1%水平的缩尾处理。

（二）会计稳健性度量

对于会计稳健性的度量，Basu（1997）提出了盈余报酬反向回归方法。他认为，在有效市场假说下，资本市场对"坏消息"的反应与公司会计盈余是同步的，而对"好消息"的反应却是不同步的。他采用股票收益率作为"好消息"与"坏消息"的代理变量，建立了Basu模型。Khan和Watts（2009）的研究发现，公司规模、市账比和资本结构是影响会计稳健性的三个重要因素，他们发展了Basu模型，提出了衡量公司-年度信息确认及时性不对称模型（K-W模型），用$C-Score$代表公司的会计稳健性水平。本文采用Khan和Watts（2009）的会计稳健性计算方法，得到每个公司样本年度的会计稳健性$C-Score1$。同时，本文采取Ball和Shivakumar（2005）的盈余应计计量方法计算$C-Score2$进行稳健性检验。

（三）模型设计

为检验会计稳健性与股权质押之间关系，建立回归模型（1），见公式（1）所示：

$$Con_{i,t} = \beta_0 + \beta_1 PLD_{i,t} + \beta_i Controls_{i,t} + \varepsilon_{i,t} \tag{1}$$

公式（1）中的$Con_{i,t}$为被解释变量，即公司的会计稳健性水平。解释变量为控股股东年末股权质押变量$PLD_{i,t}$，分别采用$PD0_{i,t}$（上市公司期末是否存在股权质押哑变量，存在取0，否则取1）、$Ratio_{i,t}$（上市公司期末被质押股权占全部流通股权的比例）作为股权质押代理变量。根据以往研究，本文控制了公司规模（$Size$）、公司成长水平（$Growth$）、杠杆水平（Lev）、盈利能力（ROA）、经营活动现金流量（CFO）以及市账比（MTB）对会计稳健性的影响，同时对公司所处行业和年度的固定效应加以控制。

为了验证假设H2，在模型（1）的基础之上加入产权性质变量SOE以及SOE与股权质押代理变量的交乘项建立模型（2），如公式（2）所示：

$$Con_{i,t} = \beta_0 + \beta_1 PLD_{i,t} + \beta_2 SOE_{i,t} + \beta_3 PLD_{i,t} \times SOE_{i,t} + \beta_i Controls_{i,t} + \varepsilon_{i,t} \quad (2)$$

为了验证假设 H3，在模型（1）的基础之上加入 ROA 与股权质押代理变量的交乘项建立模型（3），如公式（3）所示：

$$Con_{i,t} = \beta_0 + \beta_1 PLD_{i,t} + \beta_2 ROA_{i,t} + \beta_3 PLD_{i,t} \times ROA_{i,t} + \beta_i Controls_{i,t} + \varepsilon_{i,t} \quad (3)$$

模型中主要变量定义参见表 1。

表 1　变量定义

变量符号	变量定义
$C-Score1$	采用 K－W 模型结合 Basu 模型计算出的公司－年度会计稳健性
$C-Score2$	采用 K－W 模型结合 Ball 模型计算出的公司－年度会计稳健性
$PD0_{i,t}$	i 公司 t 年控股股东是否存在股权质押（不包括在 t 年质押且在当年解除质押的样本），存在质押则为 1，否则为 0
$Ratio_{i,t}$	i 公司 t 年年末控股股东质押股票占该公司全部流通股的比例
$ROA_{i,t}$	i 公司 t 年总资产报酬率，等于净利润/年末总资产
$SOE_{i,t}$	公司产权性质哑变量，国有公司取 1，非国有公司取 0
$Size_{i,t}$	i 公司 t 年末公司规模，等于公司总资产的自然对数
$Lev_{i,t}$	i 公司 t 年末资产负债率，等于公司总负债/总资产
$CFO_{i,t}$	i 公司 t 年净经营现金流，等于经营活动现金净流量/营业收入
$MTB_{i,t}$	i 公司 t 年末股票市值/账面价值
$Growth$	i 公司 t 年末上市公司相对于上一年的主营业务增长率
$Year$	年度固定效应
$Indcd$	行业固定效应

四、实证结果

（一）描述性统计

各变量的统计性描述如表 2 所示。其中 A 股上市公司 $C-Score1$ 的均值为 -0.010，方差为 0.051；$C-Score2$ 的均值为 -0.257，方差为 0.251，说明我国上市企业会计稳健性普遍较差，且样本中存在较大差异。存在股权质押的企业年度样本为 27.0%，平均质押率为 5.4%，说明股权质押在我国上市企业中是较为普遍存在的情况。此外，国有企业样本占比 42.4%，资产报酬率平均值为 4.2%，杠杆率平均水平为 0.419。

表 2　　　　　　　　　　　　　描述性统计

变量	样本数	均值	方差	最小值	25 分位	中位数	75 分位	最大值
C_Score1	16379	-0.010	0.051	-0.729	-0.023	-0.007	0.009	0.249
C_Score2	16379	-0.257	0.251	-1.681	-0.341	-0.259	-0.174	3.801
$PD0$	16379	0.270	0.444	0.000	0.000	0.000	1.000	1.000
$Ratio$	16379	0.054	0.115	0.000	0.000	0.000	0.035	1.000
ROA	16379	0.042	0.047	-0.115	0.015	0.037	0.065	0.187
Lev	16379	0.419	0.213	0.036	0.246	0.415	0.589	0.851
$Size$	16379	21.343	1.027	19.251	20.604	21.236	21.936	24.289
MTB	16379	2.704	1.720	0.968	1.511	2.148	3.285	9.472
CFO	16379	0.042	0.074	-0.191	0.002	0.042	0.086	0.246
SOE	16379	0.424	0.494	0.000	0.000	0.000	1.000	1.000

（二）主回归结果

表 3 报告了股权质押对于会计稳健性的影响，控制了年度和行业，被解释变量分别采用 Khan 和 Watts（2009）方法计算的 $C-Score1$ 与 Ball 等（2005）的盈余应计计量方法计算 $C-Score2$，对于全样本进行面板数据回归。

表 3　　　　　　　　　股权质押对会计稳健性的影响

	$C-Score1$		$C-Score2$	
	(1)	(2)	(3)	(4)
$PD0$	-0.003***		-0.025***	
	(-3.56)		(-6.04)	
$Ratio$		-0.007*		-0.049***
		(-1.75)		(-2.59)
ROA	0.044***	0.045***	-0.237***	-0.232***
	(4.56)	(4.63)	(-3.32)	(-3.25)
$Growth$	-0.000	-0.000	0.001	0.001
	(-0.45)	(-0.44)	(0.31)	(0.32)
Lev	-0.034***	-0.035***	0.437***	0.434***
	(-12.43)	(-12.56)	(30.93)	(30.62)
$Size$	0.016***	0.016***	-0.014***	-0.014***
	(27.35)	(27.34)	(-4.74)	(-4.80)

续表

	C-Score1		C-Score2	
	(1)	(2)	(3)	(4)
MTB	0.002***	0.002***	0.037***	0.037***
	(8.13)	(8.05)	(12.28)	(12.23)
CFO	-0.011**	-0.011**	-0.043	-0.043
	(-2.12)	(-2.13)	(-1.31)	(-1.30)
SOE	-0.001	-0.001	-0.020***	-0.017***
	(-1.62)	(-1.17)	(-4.64)	(-3.84)
常数	-0.341***	-0.341***	-0.399***	-0.398***
	(-25.71)	(-25.70)	(-5.91)	(-5.91)
行业	控制	控制	控制	控制
年度	控制	控制	控制	控制
样本数	16379	16379	16379	16379
调整 R^2	0.286	0.286	0.164	0.164

说明：*** 表示1%的显著性水平，** 表示5%的显著性水平，* 表示10%的显著性水平。下文同。

表3中列（1）和列（2）显示了用 C-Score1 度量会计稳健性的回归结果，本文分别采用是否存在股权质押的哑变量（PD0）以及股权质押比例（Ratio）作为股权质押的代理变量。回归结果表明存在股权质押的上市公司会计稳健性随之降低，在1%的水平上显著；而质押比例与会计稳健性在10%水平上负相关。此回归结果证明了本文假设H1，上市公司股权质押情况与会计稳健性呈负相关关系。此外公司经营业绩、公司规模与市账比与会计稳健性显著正相关，公司杠杆率与会计稳健性显著负相关，我国国有企业稳健性更低，与现有研究结果相同。列（3）和列（4）显示了用 C-Score2 度量会计稳健性的回归结果。回归结果表明是否存在股权质押与会计稳健性水平在1%的水平上负相关，而质押比例与会计稳健性水平在1%水平上负相关。此回归结果进一步证明了本文假设H1，上市公司股权质押情况与会计稳健性呈负相关关系。

（三）产权性质与经营业绩的调节作用

为进一步验证产权差异与公司业绩对于会计稳健性和股权质押关系的调节作用，本文分别加入交乘项 SOE×PLD 与 ROA×PLD 检验 H2 和 H3。

表4采用 C-Score1 作为会计稳健性代理变量，采用是否存在股权质押哑变量（PD0）与股权质押比例（Ratio）作为股权质押情况代理变量，控制行业与年度固定效应，采用面板回归检验了产权性质与经营业绩对于二者关系的调节作用。

表4　　　　　　　　　　　产权差异的调节作用

	C-Score1			
	(1)	(2)	(3)	(4)
PD0	-0.007***	-0.005***		
	(-6.71)	(-5.81)		
SOE×PD0	0.007***	0.009***		
	(3.15)	(4.38)		
Ratio			-0.014***	-0.010**
			(-3.41)	(-2.54)
SOE×Ratio			0.021	0.039***
			(1.51)	(2.93)
SOE	-0.001	-0.003***	0.000	-0.002**
	(-1.30)	(-3.53)	(0.04)	(-2.16)
控制变量	不控制	控制	不控制	控制
行业	控制	控制	控制	控制
年度	控制	控制	控制	控制
样本数	16379	16379	16379	16379
调整 R^2	0.195	0.287	0.194	0.286

表4回归结果表明，采用股权质押哑变量（PD0）作为股权质押（PLD）的代理变量时，无论是否加入控制变量，SOE×PLD系数均在1%水平上显著为正。采用股权质押比例（Ratio）作为股权质押（PLD）代理变量时，在加入控制变量后，SOE×PLD系数在1%水平上显著为正。结合股权质押与会计稳健性负相关关系我们得出结论，国有企业在股权质押后，会计稳健性下降水平低于非国有企业，即非国有控股上市公司的会计稳健性与股权质押的负相关关系更显著，验证了假设H2。

表5采用C-Score1作为会计稳健性代理变量，采用是否存在股权质押哑变量（PD0）与股权质押比例（Ratio）作为股权质押情况（PLD）的代理变量，控制行业与年度固定效应，采用面板回归检验了产权性质与经营业绩对于二者关系的调节作用。

表5　　　　　　　　　　　经营业绩的调节作用

	C-Score1			
	(1)	(2)	(3)	(4)
PD0	-0.001	-0.000		
	(-1.18)	(-0.33)		
ROA×PD0	-0.078***	-0.070***		
	(-4.73)	(-4.50)		

续表

	C – Score1			
	(1)	(2)	(3)	(4)
Ratio			0.000	0.002
			(0.09)	(0.34)
ROA × Ratio			-0.318***	-0.233***
			(-5.16)	(-4.15)
ROA	0.185***	0.06***	0.181***	0.057***
	(18.31)	(5.48)	(19.45)	(5.32)
控制变量	不控制	控制	不控制	控制
行业	控制	控制	控制	控制
年度	控制	控制	控制	控制
样本数	16379	16379	16379	16379
调整 R^2	0.217	0.287	0.216	0.286

表 5 回归结果表明，采用股权质押哑变量（PD0）与股权质押比例（Ratio）作为代理变量，无论是否加入控制变量，ROA × PLD 系数均在 1% 水平上显著为负。结合股权质押与会计稳健性负相关关系我们得出结论，在其他条件相同的情况下，公司经营业绩较好的公司在股权质押后会计稳健性下降水平低于经营业绩较差的企业，验证了假设 H3。

五、稳健性检验

（一）内生性问题

为缓解样本选择偏差导致的内生性问题，本文采用倾向得分匹配（PSM）的方法进行处理。表 6 中采用 PSM 匹配法，将进行股权质押的上市公司样本作为处理组，选择资产报酬率（ROA）、资产负债率（Lev）、销售增长率（Growth）、公司规模（Size）、市值账面比（MTB）以及公司的净经营性现金流（CFO）等作为上市公司是否存在股权质押 Logit 回归的控制指标，进行 1∶1 的最邻近匹配后得到控制组样本，将处理组样本和控制组样本合并后进行回归分析。具体结果如表 6 所示。

表6　　　　　　　　　　　PSM 检验

	匹配前		匹配后	
	(1)	(2)	(3)	(4)
	C_Score1	C_Score2	C_Score1	C_Score2
PD0	-0.003***	-0.025***	-0.005***	-0.017***
	(-3.56)	(-6.04)	(-3.61)	(-2.93)
ROA	0.044***	-0.237***	0.044***	-0.247**
	(4.56)	(-3.32)	(2.87)	(-2.03)
Growth	-0.000	0.001	-0.001	-0.001
	(-0.45)	(0.31)	(-1.22)	(-0.30)
Lev	-0.034***	0.437***	-0.015***	0.409***
	(-12.43)	(30.93)	(-3.48)	(20.26)
Size	0.016***	-0.014***	0.017***	0.001
	(27.35)	(-4.74)	(18.70)	(0.21)
MTB	0.002***	0.037***	0.004***	0.038***
	(8.13)	(12.28)	(8.65)	(8.80)
CFO	-0.011**	-0.043	-0.012	-0.091*
	(-2.12)	(-1.31)	(-1.43)	(-1.76)
SOE	-0.001	-0.020***	-0.001	-0.013*
	(-1.62)	(-4.64)	(-0.83)	(-1.93)
常数	-0.341***	-0.399***	-0.374***	-0.586***
	(-25.71)	(-5.91)	(-18.42)	(-5.62)
行业	控制	控制	控制	控制
年度	控制	控制	控制	控制
样本数	16379	16379	6823	6823
调整 R^2	0.286	0.164	0.312	0.143

从表6匹配前的结果来看，上市公司进行股权质押（PD0）与会计稳健性（C-Score1 和 C-Score2）之间呈显著的负相关关系，且在1%的水平上显著。对 PSM 匹配后样本进行回归后，本文发现上市公司进行股权质押虚拟变量（PD0）与 C-Score1、C-Score2 仍在1%水平上显著负相关。进一步证明了本文研究结果，会计稳健性与股权质押情况负相关。

（二）稳健性检验

1.本文采用 Basu 模型对研究进行稳健性检验。表7显示了 Basu 回归模型的回归结果，本模型分别采用是否存在股权质押的哑变量（PD0）以及股权质押比例（Ratio）

作为股权质押的代理变量。在用 Basu 模型进行回归时，本文重点关注 $DR \times R \times PLD$ 交乘项，它代表股权质押对于会计稳健性的影响。在采用股权质押哑变量作为股权质押代理变量时，$DR \times R \times PD0$ 显著为负，达到了 5% 的显著性水平；在采用质押比例作为股权质押的代理变量时，$DR \times R \times Ratio$ 依然显著为负，同样达到 5% 的显著性水平。说明存在股权质押的企业会计稳健性显著降低，且会计稳健性水平与股权质押比例呈显著负相关关系，进一步验证了本文假设 H1。

表7 Basu 模型

	(1)		(2)	
	EPS/Price	t值	EPS/Price	t值
R	0.001	0.95	0.001	1.60
DR	0.002***	3.64	0.002***	3.81
DR×R	0.010***	3.92	0.009***	3.67
PD0	−0.001	−0.73		
R×PD0	0.003**	2.25		
DR×PD0	−0.001	−0.76		
DR×R×PD0	−0.012**	−2.51		
Ratio			−0.000	−0.09
R×Ratio			0.009	1.64
DR×Ratio			−0.005	−0.90
DR×R×Ratio			−0.041**	−2.15
控制变量	控制		控制	
样本数	16379		16379	
调整 R^2	0.860		0.860	

2. 此外本文还采用了替换股权质押代理变量的方式进行稳健性检验。分别采用股权质押是否超过 5% 水平哑变量（PD5）和控股股东质押哑变量（PLD_M）作为股权质押代理变量进行检验。表8 显示了替换变量后的回归结果，与前文结果仍然一致。

表8 替换变量

	C−Score1		C−Score2	
	(1)	(2)	(3)	(4)
PD5	−0.002***		−0.025***	
	(−2.72)		(−5.87)	
PLD_M		−0.000		−0.017***
		(−0.12)		(−3.75)

续表

	C-Score1		C-Score2	
	(1)	(2)	(3)	(4)
控制变量	控制	控制	控制	控制
行业	控制	控制	控制	控制
年度	控制	控制	控制	控制
样本数	16379	16379	16379	16379
调整 R^2	0.286	0.286	0.164	0.164

六、结论与政策建议

本文采用沪深两市 A 股上市公司 2009—2016 年的数据检验了股权质押和会计稳健性的关系。研究结果表明：(1) 存在股权质押的上市公司会计稳健性会降低，且股权质押比例越大，会计稳健性水平降低越多，说明存在股权质押的上市公司更倾向于采取较为激进的会计政策，通过提前释放"好消息"和隐藏"坏消息"的方式以达到市值管理的目的；(2) 由于国有企业在融资以及股权处置问题上较非国有企业存在优势，所以股权质押对国有企业的会计稳健性影响较弱；(3) 公司经营业绩较好的公司市值管理与股价风险管理动机较弱，因此股权质押对经营业绩较好企业的会计稳健性影响较弱。

本文结果为利益相关者防范上市公司股权质押带来的会计信息风险提供了一定理论基础。一方面，财务报告使用者应该关注股权质押对上市公司会计信息披露的影响，在股权质押后上市公司会通过盈余管理、会计政策选择等方式进行市值管理，这损害了其会计稳健性，导致了会计信息质量的下降。财务报告使用者应该关注此类会计信息风险，并做好对此类风险的应对，监管机构也应该加强对此类风险的监管。另一方面，上市公司会计稳健性的降低往往会导致股价崩盘风险的上升，考虑到股权质押标的股票带来的强制平仓风险，监管者应该高度重视股权质押演变为系统性金融风险的可能。对于股权质押融资行为应该制定更为严格的监管制度，并要求更为详细的信息披露，以应对股权质押可能导致的系统性风险。

主要参考文献

韩琳，孙乾，魏泊芦. 2019. 股票质押行为会增强会计稳健性吗？. 华东经济管理，1：1—10。

蒋秋菊, 陈少华, 强欣荣. 2017. 控股股东股权质押与管理层盈余管理预测策略选择——来自中国资本市场的经验证据. 当代会计评论, 2: 132—158.

李常青, 幸伟. 2017. 控股股东股权质押与上市公司信息披露. 统计研究, 2: 75—86.

谭燕, 吴静. 2013. 股权质押具有治理效用吗?——来自中国上市公司的经验证据. 会计研究, 2: 45—53.

王斌, 宋春霞. 2015. 大股东股权质押、股权性质与盈余管理方式. 华东经济管理, 8: 118—128.

谢德仁, 廖珂, 郑登津. 2017. 控股股东股权质押与开发支出会计政策隐性选择. 会计研究, 3: 30—38.

谢德仁, 郑登津, 崔宸瑜. 2016. 控股股东股权质押是潜在的"地雷"吗?——基于股价崩盘风险视角的研究. 管理世界, 5: 128—140.

徐寿福, 陈晶萍. 2016. 股权质押与大股东双重择时动机. 财经研究, 6: 74—86.

郑国坚, 林东杰, 林斌. 2014. 大股东股权质押、占款与企业价值. 管理科学学报, 9: 72—87.

Ahmed, A. S., & S. Duellman. 2007. Accounting conservatism and board of director characteristics: an empirical analysis. *Journal of Accounting and Economics*, 43 (2-3), 411-437.

Ball, R., & L. Shivakumar. 2005. Earnings quality in UK private firms: comparative loss recognition timeliness. *Journal of Accounting and Economics*, 24 (2): 3-38.

Basu. 1997. The conservatism and the asymmetric timeliness of earnings. *Journal of Accounting and Economics*, 24 (1): 3-37.

Chen, H., J. Z. Chen, G. J. Lobo, & Y. Wang. 2010. Association between borrower and lender state ownership and accounting conservatism. *Journal of Accounting Research*, 48 (5): 973-1014.

Francis, J., R. Lafond, & P. M. Olsson. 2004. Costs of equity and earnings attributes. *The Accounting Review*, 9 (4): 967-1010.

Khan M, & R. L. Watts. 2009. Estimation and empirical properties of a firm-year measure of accounting conservatism. *Journal of Accounting and Economics*, 48 (2): 132-150.

Stock Pledge and the Accounting Conservatism

Lisheng Yu, Tianyu Zheng, Yangyang Yu, Jie Zhuang

Abstract: This paper uses the data of China's A-share listed companies from 2009 to 2016 to test the relationship between stock pledge and accounting conservatism. The empirical results show that the accounting conservatism of listed companies with stock pledge will decrease, and the negative relationship between stock pledge and accounting conservatism is stronger in non-state-owned companies and companies with poor business performance.

The research results show that after the stock pledge, the listed company will manage their market value by releasing "good news" and hiding "bad news". This paper argues that users of financial reports should pay attention to the information risk after stock pledge, and the regulators should prevent systemic financial risks brought about by stock pledge in advance.

Keywords: Stock pledge; Accounting conservatism; Property rights; Performance

大股东股权质押与公司投资效率*

李 伟 张钰婧 程 铖

【摘 要】 本文以我国 A 股上市公司为样本,研究了大股东股权质押对上市公司投资效率的影响。研究发现:大股东股权质押导致了上市公司非效率投资;这种非效率投资既会表现为过度投资,也会表现为投资不足;不同产权性质的公司中两者的关系有所差异,国有企业中,大股东股权质押仅会导致过度投资,而在非国有企业中,两种非效率投资现象同时存在。本文丰富了关于大股东股权质押经济后果的研究,并有助于监管当局强化监督。

【关键词】 股权质押;非效率投资;投资不足;投资过度

一、引言

股权质押是指公司股东将公司股权质押给银行或其他金融机构并获取贷款的融资

收稿日期:2019 - 01 - 17
基金项目:校级科研重点项目(16A002)
作者简介:李伟,男,博士,北京第二外国语学院商学院教授,liericfly@ 126. com;张钰婧,女,北京第二外国语学院商学院会计学研究生;程铖,女,华智众创(北京)投资管理有限公司。
* 作者感谢审稿人对本文的宝贵意见,但文责自负。

方式。股权质押已成为中国上市公司的普遍现象，甚至有些上市公司将大部分股份质押给金融机构。根据中国证券登记结算公司 2018 年 2 月 10 日的最新数据，有 11 家上市公司的股权质押比例超过了 70%，52 家股份质押比例超过了 60%，134 家公司质押比例在总股本的一半以上。由此，一个直接的问题是：大股东股权质押究竟对上市公司投资效率会产生怎样的影响？这成为监管方和研究者都关心的重要问题。一方面，具有控制权的大股东能够从控制权中获得更多的收益（Johnson 等，2000），为了降低由于股权质押导致的控制权转移的风险，大股东有动机提高投资效率，以提升公司的业绩；另一方面，由于大股东质押股份本身就表明其财务状况可能存在问题，从短期利益出发，大股东又有掏空上市公司的动机，为了自身利益损害中小股东的利益，这样又会损害投资效率。所以，大股东股权质押对于投资效率的影响是一个实证问题，以往文献并未有深入研究。

本文选取 2006—2016 年我国 A 股上市公司作为样本，研究了大股东股权质押与上市公司投资效率的关系。研究发现，大股东股权质押与公司非效率投资正相关，这表明大股东股权质押影响投资效率，损害公司价值。进一步的研究表明，在国有企业中，大股东股权质押会导致过度投资；而在非国有企业中，股权质押会导致过度投资和投资不足两种效应同时存在。这表明大股东股权质押在不同产权性质的企业中产生的影响不同。

本文的贡献主要表现在：（1）以往研究发现大股东股权质押与上市公司企业价值显著负相关（郝项超和梁琪，2009；郑国坚等，2014），并会导致公司的盈余管理行为（王斌和宋春霞，2015；谢德仁和廖珂，2018），然而研究大股东股权质押通过何种途径影响企业价值并诱发企业进行盈余管理的文献还比较欠缺。本文在中国的制度背景下考察大股东股权质押与投资效率的关系，丰富了股权质押直接影响企业财务行为的文献，还从投资效率的角度给出了股权质押可能影响企业价值的途径。（2）本文丰富了投资效率相关文献。以往文献从法律环境、外部治理环境、市场交易机制等方面研究了投资效率（万良勇，2013；李延喜等，2015；王仲兵和王攀娜，2018），本文从内部大股东股权质押的角度出发，发现大股东股权质押加剧了非效率投资。（3）本文还划分不同产权性质研究股权质押与投资效率的关系，表明大股东股权质押会在不同产权性质的企业中产生不同的影响。

本文剩下部分安排如下：第二部分是文献回顾与假设提出；第三部分是研究设计、样本选择与描述性统计；第四部分是实证结果与分析；第五部分是稳健性检验；最后是研究结论。

二、文献回顾与假设提出

（一）文献回顾

大股东股权质押的文献主要集中在股权质押的动机和经济后果方面。从大股东股权质押的动机来看，现有文献主要从融资约束、择时管理等动机出发进行研究。王斌等（2013）研究发现民营企业的大股东因融资约束的原因而普遍采用股权质押的融资方式；当大股东面临严重财务约束时，大股东更可能质押股权，同时大股东也更容易对上市公司进行占款和掏空（郑国坚等，2014）；利用择时进行市值管理也是大股东股权质押的重要动机（李旎和郑国坚，2015；徐寿福等，2016）。

大股东股权质押可能对公司业绩产生影响。Claessens等（2002）在以东南亚公司为样本的研究中发现，股权质押与公司业绩负相关，这种负向关系在家族企业和法律保护水平低的地区更加显著。考虑到不同产权企业的差异，民营大股东在质押股权后因担心控制权转移风险，从而有更强动机来改善公司经营及业绩，这样大股东股权质押可能改善公司的业绩（王斌等，2013）。郝项超和梁琪（2009）发现股权质押弱化了公司价值的激励效应并强化了侵占效应。Lee和Yeh（2004）的研究表明大股东股权质押加大了大股东与中小股东的矛盾，增加了代理成本。

大股东股权质押也可能对公司盈余管理造成影响。谢德仁等（2016）研究表明股权质押后上市公司盈余管理程度上升；而王斌和宋春霞（2015）的研究表明股权质押后上市公司应计盈余管理下降，真实性盈余管理上升，他们将这种盈余管理方式变化的原因归因于质权人对上市公司的监督作用使得大股东采取了更为隐蔽的真实性盈余管理。谢德仁等（2017）将盈余管理程度的变化解释为公司优先利用具有隐性选择空间且对损益影响较大的会计政策，比如通过操控公司开发支出来达到调节利润的目的。

从信息披露的角度出发，李常青和幸伟（2017）的研究发现，存在大股东股权质押的上市公司将披露更多的好消息，而且好消息更可能在交易日披露，坏消息更可能在非交易日披露。这种对信息披露的管理也可能影响股价崩盘风险。谢德仁等（2017）研究表明控股股东在股权质押后股价崩盘的风险更低，这种崩盘风险的降低并不是来自努力经营的结果，而是来自信息披露的管理，一旦股权质押解除，其股价崩盘风险随之升高。

还有文献分别从税收规避、审计师行为、股利政策等方面研究股权质押的经济后果。王雄元等（2018）发现控股股东进行股权质押的上市公司更可能进行税收规避，说明控股股东有动机利用税收规避抑制控制权转移风险。张龙平等（2016）、翟胜宝等（2017）和张俊瑞等（2017）研究了股权质押和审计师收费与审计意见之间的关系；何平林等（2018）、黄登仕等（2018）、廖珂等（2018）研究了控股股东股权质押与股利政策之间的关系；李常青等（2018）、文雯等（2018）、杨鸣京等（2019）研究了控股股东与创新的影响。

从以上的文献可以看出，现有文献关于大股东股权质押经济后果的研究相对丰富，然而大股东股权质押对于公司业绩的影响并没有形成一致的结论，其原因可能在于忽略了大股东股权质押影响公司业绩的作用机制,而投资效率则是其中十分重要的方面。直接研究大股东股权质押与公司投资效率的关系,则能从作用机制上理解大股东股权质押产生各种经济后果的根本原因。

(二)研究假设

信息不对称的存在,使得大股东有机会为了自身利益而损害质权人和中小股东利益,从而产生投资过度问题;而大股东股权质押后同样可以通过直接的资金占用、关联交易等方式转移上市公司的资源(郑国坚等,2014),导致公司产生投资不足的问题。由于信息不对称,交易存在不确定性,双方不可能对未来将要发生的事情作出准确的预测、达成一致的意见而签署契约(Grossman 和 Hart,1986;Hart 和 Moore,1990)。大股东在公司治理中扮演着主导者的角色,他们掌握更多的内部信息,了解企业的真实状态,而公司的债权人和中小股东获取企业信息的渠道往往仅限于公开的财务报表和相关的信息披露。这种信息的不对称和因之而产生的契约不完全性就会导致大股东可以同时侵占债权人和中小股东的利益。在大股东股权质押之后,一方面,如果公司面临过高的经营风险,大股东可以通过投资高风险项目或者放弃质押品来侵占质权人利益;另一方面,大股东为了获得私人利益,也可能将质押所获资金用于其他方面从而导致公司正常经营面临困难。

大股东股权质押可能会导致投资过度。大股东股权质押本身就表明大股东资金紧张、融资受限的局面;股权质押导致大股东现金流权和控制权分离程度进一步加大,弱化大股东的激励效应,强化大股东的侵占效应(郝项超和梁琪,2009)。此时,大股东有动机扩大投资规模、控制更多资源以获取控制权私有收益。同时股权质押后还可能面临追加担保、质押股份被强制平仓而产生的控制权丧失风险,因此大股东有动机维持股价,避免股价下行。而扩大对外投资的规模可以传递大股东看好公司未来发展前景的信号,有助于短期内提高股价,降低控制权丧失的风险。为获得控制权的私有收益,大股东更愿意选择风险系数较高的投资项目(NPV 为负)。市场上也不乏爆出控股股东高比例股权质押投资新项目的新闻。这种高比例的质押更是暴露了大股东为了稳住股价所付出的努力。一方面,给市场带来好消息刺激股价的增长避免强制平仓的风险;另一方面,这种项目投资失败的风险将转嫁给质权人,从而损害债权人利益。这些都可能导致过度投资行为的发生。

大股东股权质押也会导致投资不足。大股东既可以将股权质押作为其退出上市公司前"掏空"上市公司的手段(黎来芳,2005),也可以采用直接占款、关联交易等方式谋取私有权控制收益,产生"隧道效应"。如果大股东对企业经营面临的困境持悲观态度时,虽然其可以通过在二级市场出售股权套现,但是由于我国特殊的限售股制度背景,大股东所持股份的绝大多数并不能随时流通套现,因此,大股东还可能在意图退出前将其股权进行质押获得现有资金的控制权。由于质押合同中并没有规定质押资金的用途，大股东可能并没有将资金用于改善上市公司的经营状况，相反，大股东还会加大通过占款、关联交易等一系列手段进行掏空的程度。此时，上市公司不仅无法获得大股东的支持，还会因大股东意图退出前的各种行为造成资金更加短缺的局面，导致其即使遇到NPV为正的项目也没有足够的资金和资源进行投资，这就会造成投资不足问题。市场也不乏"雷士照明"大股东吴长江将其股权质押资金进行资金转移而导致上市公司资金链断裂而错失多次收购机会的新闻。

因此，大股东股权质押可能会导致上市公司过度投资或者投资不足这两种非效率投资并存。基于此，本文提出以下研究假设：

H1：大股东股权质押会导致公司的非效率投资。

国有大股东往往具有多体系目标，而不是仅以经济效益作为目标。国有企业不仅要进行生产经营，往往还承担许多社会责任，比如为了社会稳定而超额雇员、超额付薪、提供公共产品等（Bai等，2000）。由此，国有企业大股东的控制权性质也决定了其对中小股东的利益掏空动机较小。国有企业还面临较少的融资约束。当国有企业面临财务危机时，它们往往会寻求政府额外的资金资助，即债务软约束的问题。尽管消除软约束问题是国有企业改革获得成功的关键，但这个问题仍广泛存在于转制后国有企业中（Lin和Tan，1999；田利辉，2005；祝继高和陆正飞，2011；盛明泉等，2012）。国有企业先天地继承了原有体制的政策性负担（Lin等，1998）。因此，国有企业事前会向政府要求各种政策优惠，比如低息贷款、税收减免和关税保护；如果陷入财务困境，又会在事后寻求财务帮助（Lin和Tan，1999），而政府对国有控股上市公司存在"父爱效应"（谢德仁和陈运森，2009），所以国有控股上市公司能以较低成本获得金融机构的资金支持。这样，国有企业的融资约束相对较弱，更具有过度投资的机会和动机。

而在非国有企业中，由于融资约束导致融资相对困难，大股东在进行股权质押获得资金支持后，会同时保有两种投资动机。一方面，不同于国有控股上市公司被质押股权不能强制平仓和获得更便利融资，非国有上市公司控股股东发生控制权转移的政策性障碍更少，为防范股价下跌导致的追加担保甚至控制权转移的风险，大股东就有不断地向市场传递好消息以维持股价的动机，从而产生过度投资行为；同时，如果公司陷入财务困境，大股东也会倾向于过度投资，因为如果项目成功，则剩余收益主要由股东享有，而若项目失败则由质权人承担主要的风险和损失。另一方面，非国有上市公司的大股东若不看好上市公司的发展前景，不愿意协助上市公司渡过难关，就会加速其对上市公司的资金占用以及采用关联交易等手段掏空上市公司。有证据表明，大股东股权质押后更容易对上市公司进行占款（郑国坚等，2014）。事实上，非国有上市公司所面临的监管相对国有公司更少。此时，大股东会加速掏空上市公司，对于NPV为正的项目，会由于回收期过长而选择放弃；或者在公司陷入财务困境时，投资所获得收益均属于债权人而导致投资动机不足，放弃NPV为正的项目。这些都会形成

投资不足。基于以上分析,本文提出以下假设:

H2:在国有企业中,大股东股权质押的公司,过度投资效应显著,而投资不足效应不显著。

H3:在非国有企业中,大股东股权质押的公司,投资不足和过度投资效应均显著。

三、研究设计、样本选择与描述性统计

(一)研究设计

为了检验假设,本文构建了模型(1)~(3),具体见公式(1)、公式(2)和公式(3)所示:

$$Inv = \beta_0 + \beta_1 PLE + \beta_i \sum Controls + \beta_t \sum YEAR + \beta_j \sum IND + \varepsilon \quad (1)$$

$$Underinv = \beta_0 + \beta_1 PLE + \beta_i \sum Controls + \beta_t \sum YEAR + \beta_j \sum IND + \varepsilon \quad (2)$$

$$Overinv = \beta_0 + \beta_1 PLE + \beta_i \sum Controls + \beta_t \sum YEAR + \beta_j \sum IND + \varepsilon \quad (3)$$

模型(1)~(3)中,被解释变量为投资效率(Inv)、投资不足($Underinv$)、投资过度($Overinv$),分别取自 Richardson(2006)(即模型4)中残差的绝对值,负向残差和正向残差。自变量 PLE 代表两个大股东股权质押的变量:一个是大股东是否发生股权质押的虚拟变量 $Pledge$,如果上市公司第一大股东发生股权质押则取为1,否则取为0;另一个是大股东股权质押的比例 $Pledge\_ratio$,等于第一大股东质押股份占其拥有总股份的比例。如果上市公司大股东股权质押会导致非效率投资,大股东股权质押与投资效率会呈现负向关系,则模型(1)中 PLE 的系数会显著为正。控制变量包括公司规模($Size$)、资产负债率(Lev)、总资产净利润率(Roa)、自由现金流量(Ocf)、总资产周转率(Tat)、大股东持股比例(Cr)、审计意见($Opinion$)和是否为四大审计($Big4$)。同时本文在回归模型中也引入了年度虚拟变量和行业虚拟变量控制年份和行业特征所造成的影响。具体的变量信息如表1所示。

表1　回归变量表

变量符号	变量定义
Inv	投资效率,采用 Richardson(2006)模型估计残差的绝对值衡量
$Overinv$	过度投资,采用 Richardson(2006)模型估计残差为正数的值衡量
$Underinv$	投资不足,采用 Richardson(2006)模型估计残差为负数的值衡量
$Pledge$	表示上市公司第一大股东是否进行股权质押的虚拟变量,若上市公司存在第一大股东股权质押,则 $Pledge=1$;否则 $Pledge=0$

续表

变量符号	变量定义
Pledge_ratio	表示第一大股东股权质押率,用第一大股东质押股份数与其实际持有股份数的比值表示
Size	公司规模,采用年末公司总资产取自然对数来表示
Lev	资产负债率,采用年末公司负债总额/总资产表示
Roa	总资产净利率,采用年末公司净利润/总资产表示
Ocf	自由现金流,采用公司当期经营活动现金净流量/总资产表示
Tat	总资产周转率,采用公司年度营业收入/总资产表示
Cr	大股东持股比例,采用控股股东直接持有上市公司股份的比例表示
Opinion	审计意见,如果公司被出具非标准无保留意见,则 $Opinion=1$,否则为0
Big4	表示国际四大会计师事务所的虚拟变量,如果审计师为国际四大,则 $Big4=1$,否则为0

本文采用 Richardson(2006)模型来估计投资过度和投资不足。具体模型如公式(4)所示:

$$Invest_t = \beta_0 + \beta_1 Growth_{t-1} + \beta_2 Lev_{t-1} + \beta_3 Cash_{t-1} + \beta_4 Age_{t-1} + \beta_5 Size_{t-1} + \beta_6 Return + \beta_7 Invest_{t-1} + \beta_t \sum YEAR + \beta_j \sum IND + \varepsilon \quad (4)$$

模型(4)中,Invest 表示当年新增投资,用(固定资产、无形资产、在建工程三者年度变化之和+当期折旧)/期初总资产来计算;Growth 表示主营收入增长率;Lev 表示资产负债率,用总负债/总资产计算;Cash 表示现金存量,用(现金+银行存款+短期投资)/总资产来计算;Age 表示上市年限,用上市年限取自然对数来计算;Size 表示公司规模,用年末总资产的自然对数计算;Return 表示股票年度回报,用考虑现金红利再投资的股票年度回报率表示。

(二)数据来源和样本选择

本文研究所采用的所有数据均来自于中国股票市场研究(CSMAR)数据库。本文样本选择区间为2006—2016年。为保证结果的准确性,本文对数据进行了如下处理:(1)剔除金融保险业行业公司数据,这是由于其行业性质导致财务数据与其他行业数据差异较大;(2)剔除当年ST、PT、*ST公司的数据,这是因为ST、PT、*ST公司一般面临较高的财务风险和经营风险,不具有普遍性;(3)剔除在计算投资效率或回归分析时,变量缺失的样本。为排除异常值对回归结果的影响,本文对所有的连续变量均进行上下1%的缩尾处理(Winsorize)。

(三)描述性统计

样本的描述性统计结果如表2所示。

表2　描述性统计

变量	数量	均值	中位数	标准差	最小值	1/4分位	3/4分位	最大值
Inv	12650	0.035	0.026	0.034	0.000	0.012	0.047	0.179
Overinv	5043	0.044	0.029	0.044	0.000	0.011	0.063	0.178
Underinv	7607	-0.030	-0.025	0.023	-0.179	-0.040	-0.012	0.000
Pledge	12650	0.333	0.000	0.471	0.000	0.000	1.000	1.000
Pledge_ratio	12650	0.199	0.000	0.334	0.000	0.000	0.341	1.000
Size	12650	21.754	21.610	1.175	19.360	20.920	22.390	25.430
Lev	12650	0.424	0.417	0.212	0.046	0.252	0.589	0.900
Roa	12650	0.040	0.037	0.053	-0.174	0.014	0.066	0.199
Ocf	12650	0.349	0.268	0.741	-2.101	0.018	0.630	3.183
Tat	12650	0.668	0.554	0.472	0.069	0.361	0.826	2.764
Cr	12650	36.261	34.870	14.886	9.230	24.280	46.440	74.880
Opinion	12650	0.023	0.000	0.151	0.000	0.000	0.000	1.000
Big4	12650	0.037	0.000	0.188	0.000	0.000	0.000	1.000

表2显示，Inv的均值为0.035，中位数为0.026；Overinv的均值（中位数）为0.044（0.029）；Underinv的均值（中位数）为-0.030（-0.025）。Pledge的均值为0.333，表示所有样本中有33.3%的样本进行了股权质押；Plege_ratio的均值为0.199，表示平均而言大股东拿出占自身19.9%的股份进行了质押。Size的均值（中位数）为21.754（21.610）；Lev的均值（中位数）为0.424（0.417）；Opinion的均值为0.023，表示样本被出具非标准审计意见的比例平均为2.3%；Big4的均值为0.037，表示样本中被国际四大审计的平均占比为3.7%。其他变量的描述统计结果与以往文献基本一致。

四、实证结果与分析

（一）大股东股权质押与投资效率

本文首先采用Richardson（2006）模型估计出的残差绝对值（Inv）来衡量非效率投资。模型的主要结果如表3所示。

表 3　　股权质押与投资效率

	Inv (1)	Inv (2)	Inv (3)	Inv (4)
常数	0.035 *** (72.89)	0.050 *** (9.36)	0.047 *** (8.11)	0.043 *** (7.28)
Pledge	0.003 *** (3.56)	0.003 *** (4.32)	0.003 *** (3.95)	0.004 *** (4.45)
Size		-0.001 *** (-2.75)	-0.001 *** (-2.69)	-0.001 *** (-2.65)
Lev		-0.010 *** (-4.69)	-0.005 ** (-2.30)	-0.005 ** (-2.01)
Roa		0.003 (0.37)	0.012 (1.55)	0.010 (1.26)
Ocf		0.002 *** (4.77)	0.001 ** (2.46)	0.001 *** (2.82)
Tat		-0.004 *** (-4.83)	-0.005 *** (-5.22)	-0.005 *** (-5.38)
Cr		0.000 (1.52)	0.000 * (1.93)	0.000 * (1.74)
Opinion		0.001 (0.65)	0.002 (0.70)	0.002 (0.75)
Big4		0.000 (0.09)	-0.000 (-0.11)	0.000 (0.02)
年度	不控制	控制	不控制	控制
行业	不控制	不控制	控制	控制
公司聚类	控制	控制	控制	控制
样本数	12650	12650	12650	12650
调整 R^2	0.0014	0.0152	0.0253	0.0276

说明：括号内数为 t 值；*** 表示1%的显著性水平，** 表示5%的显著性水平，* 表示10%的显著性水平。下文同。

表3第（1）列，在回归模型中只加入了自变量 Pledge，没有加入其他控制变量，也没有控制年度和行业固定效应。结果显示 Pledge 的系数为0.003，t 值为3.56，在1%水平上显著。在第（2）列和第（3）列加入了控制变量，同时分别控制年度和行业

固定效应,结果显示 Pledge 系数均为 0.003,均在 1% 水平上显著。在第(4)列同时控制年度和行业固定效应后,Pledge 系数为 0.004,t 值为 4.45,仍在 1% 水平上显著。表 3 说明,大股东股权质押会导致非效率投资,假设 1 得到证明。

为进一步探索大股东股权质押与不同情况非效率投资之间的关系,本文将 Richardson(2006)模型估计出的负向残差作为投资不足(Underinv)的代理变量,将模型估计出的正向残差作为投资过度(Overinv)的代理变量,然后按投资不足和投资过度分成子样本进行回归,结果如表 4 所示。

表 4　股权质押、投资不足和投资过度

	Underinv (1)	Overinv (2)
常数	−0.042***	0.053***
	(−8.45)	(4.44)
Pledge	−0.001**	0.007***
	(−2.17)	(4.49)
Size	0.001***	0.000
	(4.41)	(−0.76)
Lev	0.009***	−0.002
	(4.92)	(−0.51)
Roa	0.023***	0.035**
	(3.52)	(2.12)
Ocf	0.000	0.003***
	(0.40)	(3.04)
Tat	0.001	−0.010***
	(1.10)	(−6.05)
Cr	−0.000***	0.000
	(−3.49)	(0.79)
Opinion	−0.003*	−0.002
	(−1.66)	(−0.44)
Big4	−0.001	−0.001
	(−0.31)	(−0.20)
年度	控制	控制
行业	控制	控制
公司聚类	控制	控制
样本数	7607	5043
调整 R^2	0.0418	0.0328

表4第(1)列为投资不足的样本,Pledge的系数为-0.001,t值为-2.17,在5%水平显著,这表明在投资不足的样本中,大股东股权质押的公司相对于没有质押的公司其投资不足更加严重。产生这种现象的原因可能是当公司面临财务困境时,大股东并不看好公司未来的发展,有可能采用占用上市公司资金、转移现金流资产、放弃NPV为正的项目等方式,导致上市公司投资不足。表4第(2)列为投资过度样本,Pledge的系数为0.007,t值为4.49,在1%水平上显著,这表明在投资过度的样本中,大股东股权质押与投资过度正相关,同样表明大股东股权质押加剧了投资过度。这源于公司大股东为了避免股价下跌导致被迫平仓,会利用投资行为来抬高市场的估值水平,从而造成过度投资行为。以上结果表明,大股东股权质押导致的非效率投资既可能是投资不足,也可能为投资过度。

(二)不同产权性质的影响

为了研究不同产权性质的公司中大股东股权质押对投资效率的影响,本文将全部样本按产权性质进行分组,表5第(1)列和第(2)列分别表示国有上市公司中大股东股权质押对投资不足和投资过度的影响,第(3)列和第(4)列表示非国有上市公司中大股东股权质押对上市公司投资不足和投资过度的影响。

表5 产权性质与非效率投资

	国有		非国有	
	Underinv (1)	Overinv (2)	Underinv (3)	Overinv (4)
常数	0.033*** (5.91)	0.044*** (3.14)	-0.047*** (-8.44)	0.056*** (4.12)
Pledge	0.001 (0.75)	0.007** (2.45)	-0.001** (-2.18)	0.006*** (3.78)
Size	-0.001*** (-2.78)	0.000 (0.95)	0.001*** (4.58)	0.000 (-0.78)
Lev	-0.005 (-1.49)	-0.006 (-0.90)	0.009*** (4.82)	-0.003 (-0.52)
Roa	-0.033*** (-2.94)	-0.004 (-0.16)	0.024*** (3.30)	0.036* (1.93)
Ocf	0.001 (0.82)	0.005*** (4.24)	-0.000 (-0.16)	0.002** (2.01)
Tat	-0.003** (-2.34)	-0.011*** (-4.40)	0.001 (1.07)	-0.010*** (-5.07)

续表

	国有		非国有	
	Underinv (1)	Overinv (2)	Underinv (3)	Overinv (4)
Cr	0.000***	0.000	-0.000**	0.000
	(2.62)	(0.30)	(-2.32)	(0.55)
Opinion	0.003	0.000	-0.005**	0.000
	(0.89)	(0.03)	(-2.06)	(0.07)
Big4	0.000	-0.000	0.002	-0.003
	(0.15)	(-0.05)	(0.97)	(-0.62)
年度	控制	控制	控制	控制
行业	控制	控制	控制	控制
公司聚类	控制	控制	控制	控制
样本数	2961	2056	4646	2987
调整 R^2	0.0435	0.0565	0.0515	0.0307

表5第（1）列中，Pledge 的系数为0.001，t=0.75，统计不显著，没有发现国有企业大股东股权质押与投资不足显著相关的证据。表5第（2）列中，国有企业大股东股权质押（Pledge）的系数0.007，t=2.45，在5%水平上显著正相关，表明国有企业中，大股东股权质押的企业相对于没有股权质押的企业，其投资过度的问题更加严重，假设2得到支持。

对于大股东股权质押对非国有企业投资效率的影响，表5第（3）列表明，Pledge 系数为-0.001，t=-2.18，在5%水平上显著负相关，表明在非国有企业投资不足的样本中，大股东股权质押的公司相对于没有质押的公司其投资不足更严重。表5第（4）列中 Pledge 的系数为0.006，t=3.78，在1%水平上显著正相关，表明非国有企业投资过度的样本中，大股东股权质押的公司相对于没有质押的公司其投资过度更严重。即非国有上市公司中，大股东股权质押导致投资不足或投资过度的情形均存在。假设3得到支持。

五、稳健性检验

（一）内生性检验

为解决遗漏变量导致的内生性问题，本文参考谢德仁等（2016）的做法，选择 t 年行业平均质押水平（Indratio）作为是否有控股股东股权质押的工具变量进行两阶段回归。表6列示了两阶段回归的结果。在第一阶段的回归中,行业平均质押水平(Indratio)与控股股东股权质押(Pledge)的回归系数为1.177,在1%水平上显著正相关。第二阶段回归结果中,采用第一阶段估计出的企业控股股东是否股权质押的变量(Pred_Pledge)与投资效率(Inv)回归,Pred_Pledge的系数为0.015,且在5%水平上显著正相关,这表明控制内生性问题后,本文结果依然稳健。

表6　　　　　　　　　　　两阶段回归

	第一阶段 Pledge	第二阶段 Inv
常数	-0.203**	0.022**
	(-2.12)	(2.02)
Indratio	1.177***	
	(14.56)	
Pred_Pledge		0.015**
		(1.96)
Size	0.014***	0.000
	(3.36)	(0.47)
Lev	0.167***	0.001
	(6.46)	(0.45)
Roa	-0.172**	0.038***
	(-1.93)	(3.63)
Ocf	-0.032***	0.003***
	(-5.35)	(4.15)
Tat	-0.091***	-0.010***
	(-9.08)	(-7.46)
Cr	-0.003***	0.001***
	(-10.59)	(3.23)
Opinion	-0.005	-0.004
	(-0.18)	(-1.24)
Big4	-0.187***	-0.001
	(-8.48)	(-0.34)
年度	控制	控制
行业	控制	控制
公司聚类	控制	控制
样本数	12650	12650
Pseudo R^2/调整 R^2	0.0843	0.0486

（二）采用股权质押的不同衡量方法

在主回归中，我们采用大股东是否进行了股权质押的虚拟变量（Pledge）来研究股权质押与非效率投资以及产权性质对其影响。稳健性检验中，我们首先采用股权质押的比例，即大股东股权质押数量与其持有的股份总数的比例（Pledge_ratio）作为代理变量，并将结果列在表7、表8和表9中。结果与主回归结果没有实质差异。

表7　　　　　　　　　　　股权质押比例与非效率投资

	Inv	Inv	Inv	Inv
	(1)	(2)	(3)	(4)
常数	0.035***	0.051***	0.047***	0.044***
	(77.38)	(9.51)	(8.16)	(7.35)
Pledge_ratio	0.003**	0.004***	0.004***	0.005***
	(2.47)	(3.50)	(3.51)	(3.94)
Size		-0.001***	-0.001***	-0.001***
		(-2.87)	(-2.77)	(-2.75)
Lev		-0.010***	-0.005**	-0.005**
		(-4.71)	(-2.32)	(-2.02)
Roa		0.003	0.013	0.010
		(0.42)	(1.62)	(1.34)
Ocf		0.002***	0.001**	0.001***
		(4.77)	(2.47)	(2.83)
Tat		-0.004***	-0.005***	-0.005***
		(-4.80)	(-5.22)	(-5.38)
Cr		0.000	0.000**	0.000*
		(1.59)	(2.04)	(1.86)
Opinion		0.001	0.001	0.002
		(0.58)	(0.65)	(0.68)
Big4		0.000	-0.000	-0.000
		(0.02)	(-0.17)	(-0.04)
年度	不控制	控制	不控制	控制
行业	不控制	不控制	控制	控制
公司聚类	控制	控制	控制	控制
样本数	12650	12650	12650	12650
调整 R^2	0.0007	0.0145	0.0250	0.0272

表 8　　股权质押比例、投资不足与投资过度

	Underinv (1)	Overinv (2)
常数	−0.042***	0.053***
	(−8.51)	(4.44)
Pledge_ratio	−0.002*	0.009***
	(−1.69)	(4.25)
Size	0.001***	0.000
	(4.48)	(−0.86)
Lev	0.009***	−0.002
	(4.91)	(−0.53)
Roa	0.023***	0.036**
	(3.49)	(2.19)
Ocf	0.000	0.003***
	(0.40)	(3.06)
Tat	0.001	−0.010***
	(1.10)	(−6.06)
Cr	−0.000***	0.000
	(−3.52)	(0.93)
Opinion	−0.003	−0.002
	(−1.63)	(−0.51)
Big4	−0.000	−0.001
	(−0.27)	(−0.24)
年度	控制	控制
行业	控制	控制
公司聚类	控制	控制
样本数	7607	5043
调整 R^2	0.0416	0.0325

表 9　　产权性质、股权质押比例与非效率投资

	国有		非国有	
	Underinv (1)	Overinv (2)	Underinv (3)	Overinv (4)
常数	0.033***	0.044***	−0.047***	0.056***
	(5.84)	(3.13)	(−8.51)	(4.11)
Pledge_ratio	0.002	0.010**	−0.010*	0.009***
	(1.10)	(2.33)	(−1.81)	(3.83)

续表

	国有		非国有	
	Underinv (1)	Overinv (2)	Underinv (3)	Overinv (4)
Size	-0.001*** (-2.79)	0.000 (0.85)	0.001*** (4.66)	0.000 (-0.88)
Lev	-0.005 (-1.49)	-0.006 (-0.85)	0.009*** (4.80)	-0.003 (-0.58)
Roa	-0.033*** (-2.88)	-0.004 (-0.15)	0.023*** (3.27)	0.037** (2.02)
Ocf	0.001 (0.83)	0.005*** (4.29)	-0.000 (-0.16)	0.002** (2.04)
Tat	-0.003** (-2.28)	-0.011*** (-4.36)	0.001 (1.07)	-0.010*** (-5.05)
Cr	0.000*** (2.70)	0.000 (0.38)	-0.000** (-2.36)	0.000 (0.73)
Opinion	0.003 (0.90)	-0.000 (-0.00)	-0.005** (-2.04)	0.000 (0.02)
Big4	0.000 (0.15)	-0.000 (-0.08)	0.002 (1.03)	-0.003 (-0.62)
年度	控制	控制	控制	控制
行业	控制	控制	控制	控制
公司聚类	控制	控制	控制	控制
样本数	2961	2056	4646	2987
调整 R^2	0.0438	0.0563	0.0512	0.0311

（三）分样本稳健性检验

由于 Richardson（2006）模型算出来的所有公司都存在非效率投资行为，为了避免产生系统性偏差，本文还参考了辛清泉等（2007）、吕长江和张海平（2011）、李延喜等（2015）的稳健性检验做法，将回归得到的残差按照从小到大排序后进行三等分，然后去掉中间的一组，因为中间的一组理论上并不存在严重的非效率投资问题。然后将剩下的两组作为全体样本，重新按照前文的研究设计进行了回归，所得结果如表10和表11所示。其结论与前文的研究没有实质性差异，因此，本文结论依然稳健。

表 10　　　　　　　　　　分样本稳健性检验：股权质押虚拟变量

	总样本	分样本	分样本	国有		民营	
	Inv	Underinv	Overinv	Underinv	Overinv	Underinv	Overinv
常数	0.055***	-0.050***	0.065***	-0.033**	0.051	-0.053***	0.066***
	(7.32)	(-8.52)	(4.66)	(-2.24)	(1.62)	(-8.42)	(4.22)
Pledge	0.004***	-0.002**	0.007***	0.001	0.012***	-0.002***	0.006***
	(4.59)	(-2.35)	(4.20)	(0.55)	(2.80)	(-2.64)	(3.36)
Size	-0.000	0.000	-0.000	0.000	-0.000	0.000	-0.000
	(-0.40)	(0.58)	(-0.46)	(0.37)	(-0.01)	(0.58)	(-0.43)
Lev	-0.001	0.004*	-0.003	-0.005	0.004	0.005**	-0.003
	(-0.49)	(1.75)	(-0.53)	(-1.01)	(0.42)	(2.35)	(-0.57)
Roa	0.012	0.020**	0.037**	0.007	0.033	0.022***	0.038*
	(1.36)	(2.54)	(2.08)	(0.33)	(0.81)	(2.64)	(1.89)
Ocf	0.001**	0.000	0.002**	0.001	0.004**	-0.000	0.002
	(2.27)	(0.31)	(2.35)	(0.78)	(2.09)	(-0.08)	(1.44)
Tat	-0.007***	0.001*	-0.012***	0.003	-0.014***	0.001	-0.011***
	(-6.27)	(1.68)	(-6.30)	(1.47)	(-4.01)	(1.23)	(-5.22)
Cr	0.000	-0.000	0.000	-0.000***	0.000	0.000	0.000
	(0.58)	(-0.11)	(1.19)	(-2.59)	(0.98)	(1.31)	(1.01)
Opinion	-0.000	-0.002	-0.003	0.004	-0.010	-0.003	-0.003
	(-0.18)	(-0.83)	(-0.73)	(1.27)	(-0.94)	(-1.34)	(-0.60)
Big4	-0.000	0.000	-0.000	-0.006	0.005	0.003	-0.003
	(-0.01)	(0.07)	(-0.05)	(-1.59)	(0.58)	(1.46)	(-0.51)
年度	控制	控制	控制	控制	控制	控制	控制
行业	控制	控制	控制	控制	控制	控制	控制
公司聚类	控制	控制	控制	控制	控制	控制	控制
样本数	8430	4215	4215	1436	1675	2779	2540
调整 R^2	0.0158	0.0119	0.0263	0.00314	0.0235	0.0215	0.0255

表 11　　　　　　　　　　分样本稳健性检验：股权质押比例

	总样本	分样本	分样本	国有		民营	
	Inv	Underinv	Overinv	Underinv	Overinv	Underinv	Overinv
常数	0.055***	-0.050***	0.065***	-0.033**	0.049	-0.053***	0.067***
	(7.36)	(-8.53)	(4.66)	(-2.21)	(1.53)	(-8.47)	(4.21)
Pledge_ratio	0.007***	-0.004***	0.010***	-0.001	0.025**	-0.004***	0.009***
	(4.80)	(-3.26)	(3.97)	(-0.12)	(2.37)	(-3.39)	(3.41)

续表

	总样本	分样本	分样本	国有		民营	
	Inv	Underinv	Overinv	Underinv	Overinv	Underinv	Overinv
Size	-0.000	0.000	-0.000	0.000	0.000	0.000	-0.000
	(-0.51)	(0.60)	(-0.58)	(0.35)	(0.08)	(0.64)	(-0.54)
Lev	-0.002	0.004*	-0.003	-0.005	0.004	0.005**	-0.003
	(-0.59)	(1.91)	(-0.56)	(-0.97)	(0.40)	(2.53)	(-0.63)
Roa	0.013	0.019**	0.038**	0.007	0.030	0.022**	0.039**
	(1.46)	(2.47)	(2.15)	(0.32)	(0.75)	(2.55)	(1.98)
Ocf	0.001**	0.000	0.002**	0.001	0.004**	-0.000	0.002
	(2.34)	(0.24)	(2.37)	(0.80)	(2.07)	(-0.18)	(1.46)
Tat	-0.007***	0.001	-0.012***	0.003	-0.013***	0.001	-0.011***
	(-6.22)	(1.59)	(-6.32)	(1.43)	(-3.97)	(1.13)	(-5.20)
Cr	0.000	-0.000	0.000	-0.000***	0.000	0.000	0.000
	(0.85)	(-0.42)	(1.31)*	(-2.59)	(1.00)	(0.97)	(1.15)
Opinion	-0.001	-0.002	-0.004	0.004	-0.009	-0.003	-0.003
	(-0.26)	(-0.78)	(-0.78)	(1.28)	(-0.89)	(-1.29)	(-0.64)
Big4	-0.000	0.000	-0.000	-0.006*	0.005	0.003	-0.003
	(-0.04)	(0.04)	(-0.09)	(-1.67)	(0.52)	(1.43)	(-0.52)
年度	控制	控制	控制	控制	控制	控制	控制
行业	控制	控制	控制	控制	控制	控制	控制
公司聚类	控制	控制	控制	控制	控制	控制	控制
样本数	8430	4215	4215	1436	1675	2779	2540
调整 R^2	0.0163	0.0135	0.0260	0.00278	0.0215	0.0233	0.0258

六、研究结论

本文研究了大股东股权质押对上市公司投资效率的影响,研究发现:相比于未发生股权质押的上市公司,大股东股权质押会导致上市公司非效率投资;并且这种非效率投资既包括投资不足,也包括过度投资。进一步地,大股东股权质押与非效率投资的关系在不同产权性质的企业中有所不同。在国有企业中,相比于未发生股权质押的上市公司,大股东股权质押会导致过度投资,而投资不足并不显著,这可能与国有企业特定严格的政策环境以及较为宽松的融资环境相关。但是非国有企业面临着相对宽松的监管环境与更加严格的融资约束,大股东股权质押则相机依存于具体企业的不同情况,既有可能造成投资不足,又有可能造成过度投资。本文的研究丰富了股权质押经济后果的文献,亦有助于管理层针对不同产权性质的公司采取不同的监管策略分类强化管理。

主要参考文献

郝项超,梁琪.2009.最终控制人股权质押损害公司价值么?会计研究,7:57—63。

何平林,辛立柱,潘哲煜,李涛.2018.上市公司股票送转行为动机研究——基于股权质押融资视角的证据.会计研究,3:57—63。

黄登仕,黄禹舜,周嘉南.2018.控股股东股权质押影响上市公司"高送转"吗?管理科学学报,12:18—36。

黎来芳.2005.商业伦理、诚信义务与不道德控制——鸿仪系"掏空"上市公司的案例研究.会计研究,11:8—14。

李常青,李宇坤,李茂良.2018.控股股东股权质押与企业创新投入.金融研究,7:143—157。

李常青,幸伟.2017.控股股东股权质押与上市公司信息披露.统计研究,12:76—86。

李旎,郑国坚.2015.市值管理动机下的控股股东股权质押融资与利益侵占.会计研究,5:42—49。

李延喜,曾伟强,马壮,陈克兢.2015.外部治理环境、产权性质与上市公司投资效率.南开管理评论,1:154—166。

廖珂,崔宸瑜,谢德仁.2018.控股股东股权质押与上市公司股利政策选择.金融研究,4:172—189。

吕长江,张海平.2011.股权激励计划对公司投资行为的影响.管理世界,11:118—126。

盛明泉,张敏,马黎珺,李昊.2012.国有产权、预算软约束与资本结构动态调整.管理世界,3:151—157。

田利辉.2005.国有产权、预算软约束和中国上市公司杠杆治理.管理世界,7:123—128。

万良勇.2013.法制环境与企业投资效率——基于中国上市公司的实证研究.金融研究,12:154—166。

王斌,蔡安辉,冯洋.2013.大股东股权质押、控制权转移风险与公司业绩.系统工程理论与实践,7:1762—1773。

王斌,宋春霞.2015.大股东股权质押、股权性质与盈余管理方式.华东经济管理,8:118—128。

王雄元,欧阳才越,史震阳.2018.股权质押、控制权转移风险与税收规避.经济研究,1:138—152。

王仲兵,王攀娜.2018.放松卖空管制与企业投资效率——来自中国资本市场的经验证据.会计研究,9:80—87。

文雯，陈胤默，黄雨婷 . 2018. 控股股东股权质押对企业创新的影响研究 . 管理学报，7：998—1008。

谢德仁，陈运森 . 2009. 金融生态环境、产权性质与负债的治理效应 . 经济研究，5：118—129。

谢德仁，廖珂，郑登津 . 2017. 控股股东股权质押与开发支出会计政策隐性选择 . 会计研究，3：30—38。

谢德仁，廖珂 . 2018. 控股股东股权质押与上市公司真实盈余管理 . 会计研究，8：21—27。

谢德仁，郑登津，崔宸瑜 . 2016. 控股股东股权质押是潜在的"地雷"吗？——基于股价崩盘风险视角的研究 . 管理世界，5：128—140。

辛清泉，郑国坚，杨德明 . 2007. 企业集团、政府控制与投资效率 . 金融研究，10：123—142。

徐寿福，贺学会，陈晶萍 . 2016. 股权质押与大股东双重择时动机 . 财经研究，6：74—86。

杨鸣京，程小可，钟凯 . 2019. 股权质押对企业创新的影响研究——基于货币政策不确定性调节效应的分析 . 财经研究，2：139—152。

翟胜宝，许浩然，刘耀淞，唐玮 . 2017. 控股股东股权质押与审计师风险应对 . 管理世界，10：51—65。

张俊瑞，余思佳，程子健 . 2017. 大股东股权质押会影响审计师决策吗？基于审计费用与审计意见的证据 . 审计研究，3：65—73。

张龙平，潘临，欧阳才越，熊家财 . 2016. 控股股东股权质押是否影响审计师定价策略？来自中国上市公司的经验证据 . 审计与经济研究，6：35—45。

郑国坚，林东杰，林斌 . 2014. 大股东股权质押、占款与企业价值 . 管理科学学报，9：72—87。

祝继高、陆正飞 . 2011. 产权性质、股权再融资与资源配置效率 . 金融研究，1：131—148。

Bai, C., D. D. Li, Z. Tao, & Y. Wang, 2000. A multitask theory of state enterprise reform. *Journal of Comparative Economics*, 28 (4): 716 - 738.

Claessens, S., S. Djankov, J. P. H. Fan, & L. H. P. Lang. 2002. Disentangling the incentive and entrenchment effects of large shareholdings. *Journal of Finance*, 57 (6): 2741 - 2771.

Grossman, S. J., & O. D. Hart. 1986. The costs and benefits of ownership: a theory of vertical and lateral integration. *Journal of Political Economy*, 94 (1): 691 - 719.

Hart, O., & J. Moore. 1990. Property rights and the nature of the firm. *Journal of Political Economy*, 98 (6): 1119 - 1158.

Johnson, S., P. Boone, A. Breach, & E. Friedman. 2000. Corporate governance in the Asian financial crisis. *Journal of Financial Economics*, 58 (1): 141 - 186.

Lee, T. S., & Y. H. Yeh. 2004. Corporate governance and financial distress: Evidence from Taiwan. *Corporate Governance: An International Review*, 12: 378 - 388.

Lin, J. Y., & C. Tan. 1999. The soft budget constraint: policy burdens, accountability, and the soft budget constraint. *American Economic Review*, 2: 426 - 431.

Lin, J. Y., F. Cai, & L. Zhou, 1998. Competition, policy burdens, and state-owned enterprise reform. *American Economic Review*, 88 (2): 422 - 427.

Richardson, S. 2006. Over-investment of free cash flow. Review of Accounting Studies, 11 (2): 159 – 189.

Stock Pledge of Large Shareholder and Inefficient Investment

Wei Li, Yujing Zhang, Cheng Cheng

Abstract: This paper studies the impact of stock pledge by large shareholder on the investment efficiency of listed enterprises in China. The research finds that the large shareholder' share pledge leads to inefficient investment of listed enterprises. This kind of inefficient investment can be presented as both overinvestment and underinvestment and the relationship between the two is different in enterprises with different attribute of control rights. In state – owned enterprises, the large shareholder' share pledge only leads to overinvestment, while in non – state – owned enterprises, two inefficient investment phenomena exist simultaneously. The research enriches the research on the economic results of the large shareholder' share pledge, and can help the regulatory authorities to strengthen supervision.

Keywords: Stock pledge; Inefficient investment; Underinvestment; Overinvestment

扩张性财政政策、公司治理与企业价值*

林 芳 杨海燕

【摘 要】 财政政策存在于不同社会制度和经济发展水平的国家中，是企业所面临的重要政策环境，对企业微观行为具有重要影响。不同股权性质和治理特征是否会影响微观企业利用宏观政策的效率呢？本文运用2003—2014年中国沪深A股上市公司样本，研究了以财政赤字衡量的财政政策扩张对企业价值的影响，以及股权性质、股权制衡和管理层激励对上述影响的调节作用。结果发现，公司所处地区的财政政策扩张程度越高，其企业价值越高。但是，在利用财政政策的边际效应方面，国有企业显著弱于非国有企业，原因可能在于其利用资源创造价值的效率相对较弱。进一步分析公司治理因素的调节作用后发现，企业管理层持股和国有企业的股权制衡有助于企业更高效地利用财政政策来创造价值。本研究不仅提供了不同微观主体利用财政扩张具有不同效率的实证证据，更重要的在于揭示了宏观政策的实现载体会影响其资源配置效率。

【关键词】 财政政策；公司治理；企业价值；资源配置效率

收稿日期：2018 - 11 - 01

基金项目：北方工业大学科研启动基金项目；湖北省教育科学规划2017年度重点课题（2017GA030）；武汉体育学院2019年度青年教师科研基金项目（2019S05）

作者简介：林芳，女，博士，北方工业大学经济管理学院讲师；杨海燕（通讯作者），女，博士，武汉体育学院经济与管理学院副教授，yanghy97@126.com。

* 作者感谢审稿人对本文的宝贵意见，但文责自负。

一、引言

政策实践中,财政政策是政府调控宏观经济的重要手段之一,财政政策的方向和力度最终将表现为财政赤字的程度,指示着财政政策的扩张程度。政府实施扩张性财政政策,目的在于促进经济增长。但是财政赤字对经济增长的有效性仍存在争议:新古典宏观经济学派认为,财政赤字政策不仅无效而且有害;而凯恩斯学派则认为,政府应该大力推行扩张性财政政策、刺激社会有效需求保持经济稳定发展。目前多数学者认为,财政赤字是否影响经济发展,关键要看其赤字规模和结构(许梦博,2009)及其与经济运行态势的契合情况(尚长风,2004)。在当前宏观经济下行压力较大的背景下,如何更有针对性地实施财政政策,以提高财政政策的运行效率则显得极为重要。企业是社会经济运行的微观主体,企业如何利用财政政策、公司治理特征如何影响企业利用财政政策的效率,最终必将影响财政政策的宏观效率。这是因为,只有在微观企业层面上明晰上述问题的影响,财政赤字规模的决策才能更为科学,财政赤字结构及其与经济运行态势的契合度才能得以合理提高。

理论研究中,有关宏观经济政策如何影响微观企业行为的机理尚不明晰(姜国华和饶品贵,2011)。其原因在于:宏观经济学研究重点关注宏观经济政策与国家总体经济产出之间的关系,而微观经济学研究重点关注微观企业行为与企业本身经济产出之间的关系。这种割裂现象导致宏观经济政策如何影响企业微观行为这一问题受到重视的程度不够,使得人们不能更好地认识企业行为、不能制定更具针对性的宏观经济政策(饶品贵和姜国华,2013)。宏观经济政策对微观企业行为的影响研究,不仅有利于评估政策效应,有助于从宏观上理解经济政策到企业行为的传导过程,还有助于微观企业及时做出理性反应。结合现有的研究文献发现,有关货币政策对企业微观行为影响、税收负担对企业微观行为影响(Desai 和 Dharmapala,2009;Hanlon 和 Slemrod,2009;吴联生,2009)等方面研究已经展开,然而作为企业政策环境组成部分的财政政策对企业微观行为方面的研究尚比较缺乏。

本文将财政政策看作企业经营的外部政策环境之一,结合中国制度背景以扩张性财政政策对企业经营行为的影响分析为出发点,主要考察了财政政策扩张程度对国有企业和非国有企业的价值创造影响效应,并从股权制衡和管理层激励两个角度分析检验了公司治理对上述价值效应的调节作用。本文以2003—2014年中国A股上市公司为样本,研究发现:公司所处地区的财政政策扩张程度越高,公司的企业价值增加效应越显著;然而,财政政策扩张而导致的边际价值增加效应在国有企业样本中却显著弱于非国有企业样本。进一步考察公司治理因素的影响后发现,国有企业的股权制衡和非国有企业的管理层持股对上述正向影响效应具有显著增强作用。上述结果表明,企业在股权性质和公司治理方面的差异会导致企业对财政政策环境的应对和利用存在差异，最终将表现为企业在价值创造方面的差异；这种微观差异在宏观上则表现为财政政策利用不同类型企业主体实施财政扩张而导致的经济拉动效应存在差异。研究揭示，扩张性财政政策虽具有推动企业发展和经济增长的作用，但使用方向和实施主体的选择会影响其效率。换句话说，在同等规模和结构下，财政政策实施主体不同会导致财政政策的实施效率存在差异。

本文的研究贡献可能在于：（1）以扩张性财政政策为切入点研究了宏观经济政策对企业的微观影响，将宏观经济政策的经济效应和机理分析拓展到了企业微观领域；（2）从微观企业角度来看，本文的研究明晰了财政政策对企业价值的影响效应，从股权结构和委托代理两个层面分析了公司治理对企业利用财政政策创造企业价值的影响；（3）从宏观政策角度来看，本文的研究证据表明在财政政策实施规模和结构之外，政策实施主体的差异也会导致政策实施效率差异，丰富了财政政策的现有理论认识。

余下部分结构安排如下：第二部分为背景分析与文献综述；第三部分为理论分析与假设提出；第四部分为研究设计；第五部分为实证分析；第六部分为进一步分析；最后为研究结论和局限性。

二、制度背景与文献综述

（一）制度背景

扩张性财政政策，不仅能够促进经济增长，也会给经济增长带来负面影响。运用扩张性财政政策来刺激经济发展，最初是从凯恩斯的财政赤字主张而来的。自此之后，以扩大财政支出为代表的扩张性财政政策成为世界各国应对经济放缓、拉动经济增长的主要手段之一。然而，政府支出扩张不仅给人们带来了希望也给人们带来了担忧。1929年美国经济大萧条，罗斯福总统实施积极的扩张性财政政策挽救美国经济于危难之中，然而不久之后美国经济就陷入"滞涨"。中国政府对扩张性财政政策的认识和运用是不断发展和变化的。在改革开放以前，政府实行单一计划经济体制，坚持"收支平衡，略有结余"的方针。财政政策实施的基本原则是零赤字，只是在某些特殊年份因为政治和经济等原因而出现财政赤字。改革开放以后，扩张性财政政策得以运用和实施，多年来政府一直在实施旨在扩大需求和拉动经济增长的赤字财政政策。但在不同时期，依据经济发展状态的不同，政府对财政政策的扩张进行了目的和幅度控制，实施了不同目的和程度的扩张性财政政策。在1998年前的改革开放初期，为了解决历史遗留问题政府不得不实施赤字预算。1998—2002年，政府为了提升有效需求、促进经济增长而主动采取了较为宽松的扩张性财政政策。2003—2008年金融危机之前，政府对财政政策的认识更进一步，财政政策和货币政策的配合使用成为政府进行宏观调控的主要工具,财政政策的扩张程度有增有减,既有积极财政政策又有稳健财政政策。2008—2010年,为了应对金融危机,政府通过"四万亿"实施了具有危机管理特征的积极财政政策。在2010年以来的危机管理之后,扩张性财政政策的不利后果逐渐显现,产能过剩问题、产业布局和经济要素供给的结构性问题成为经济新常态下的核心问题。在此背景下,供给侧结构性改革应运而生。然而,在供给侧结构性改革中财政政策的潜在应用领域及其发挥作用的具体机制如何都是不得不深入研究的课题。

(二) 文献综述

本文旨在研究扩张性财政政策对企业微观价值创造的影响,分析思路是将财政政策的影响后果和影响企业价值创造的因素进行契合性分析,以发现财政政策影响企业价值创造的潜在路径、推导财政政策对企业价值的可能影响,并加以实证检验。因此,本文涉及的文献主要包含财政政策的经济后果和企业价值创造的影响因素两个方面。

与企业价值创造相关的扩张性财政政策经济后果的文献主要集中于财政政策对经济增长的影响研究中,主要结论有两方面:拉动效应和挤出效应,而且这两种效应都可能发生在需求端和供给端。在需求端,一方面,扩张性财政政策通过政府支出的增加,在实现公共投资或生产性支出增加的同时,在产品市场中会给予企业更多市场机会,带动企业投资和营业收入的增加,最终表现为需求端拉动效应(郭庆旺和赵志耘,1999);另一方面,政府在实施扩张性财政政策的过程中需要向社会融资;财政融资会导致社会资金流入政策性机会中,在创造政策性市场机会的同时,抑制了市场源发性机会的产生,在产品市场中也会导致部分挤出效应;同时,财政负债偿付最终依赖税收的增加,长期来看会对私有部门投资形成挤出效应(吴敬琏,2003),表现为需求端挤出效应。在供给端,一方面,政府财政融资在资本市场中与私有部门之间形成对资金的竞争性需求,总储蓄率可能降低导致利率上升,从融资可得性和融资成本两个角度增加企业的融资约束,降低企业投资水平(彭睿,1997),表现为供给端挤出效应;另一方面,政府可以通过对劳动力和科学技术投资来形成有形资本,进一步扩大社会投资需求和消费需求,对全社会总供给能力的形成具有重要作用,从而促进经济增长,表现为供给端拉动效应。基于上述多方面的影响,有学者认为,扩张性财政政策能否促进经济增长,关键条件在于社会上是否存在闲置资源。当经济处于低迷状态时,社会上存在大量闲置资源,而私人投资又相对不足,政府采取扩张性财政政策会激活社会闲置资源,形成新的生产能力,进而促进经济增长;反之,当经济处于高速发展阶段,政府采取扩张性财政政策有可能会抑制经济增长(许梦博,2002)。可见,扩张性财政政策对经济增长的效应既可能为拉动效应,也可能为挤出效应,也可能为两者作用平衡而未表现出显著效应,这取决于当时经济状况、政策扩张程度与使用方向以及社会闲置资源等多方面因素。但是,现有研究并未从微观上考察财政政策实施主体特征对财政政策实施效果的影响。

价值最大化是现代企业所追求的目标,然而股权性质、股权治理和股东与管理层之间委托代理等三个层面因素是影响企业价值最大化实现程度的基本要件。首先,股权性质是公司治理的决定性因素。在中国制度背景下,大股东为国有性质还是非国有性质,会直接影响企业的战略、治理模式和治理效率等多方面的因素(杨兴全和张照南,2008;吴延兵,2012;姜付秀等,2014)。现有研究从多个方面证实,国有企业的公司治理、经营行为和业绩表现等多方面与非国有存在显著差异(王鹏和周黎安,2006;姜付秀等,2014)。其次,股权治理是公司治理的重要因素。大股东持股比例多寡影响着大股东治理效应的显著程度,研究证明大股东持股比例越高,其治理效应越显著(曹廷求和刘呼声,2003;王化成等,2015;王秀和刘清军,2015)。但是,并非大股东持股比例越高,企业价值最大化的实现程度就越高,因为在股权治理中还存在大股东侵占中小股东的"隧道"效应(Johnson等,2000;王化成等,2015)。股权制衡是股权治理中的另一重要问题,特别是在国有企业中表现更为突出(徐莉萍等,2006;刘星和刘伟,2007)。最后,委托代理问题也是影响企业价值最大化的重要因素。所有权和经营权的分离导致委托代理问题,所有者和管理层之间利益一致性是委托代理问题的核心,激励是缓解委托代理问题的基本手段之一(Jensen和Meckling,1976;郑红亮,1998),管理层持股就是从激励角度缓解委托代理问题的方法之一。在国有企业中,由于股权性质方面限制,管理层持股激励的实施条件相对有限(蔡吉甫和陈敏,2005;陈冬华等,2005;夏纪军和张晏,2008;沈红波等,2012)。在非国有企业中,管理层持股激励的条件相对成熟,效果相对较好(蔡吉甫和杨智杰,2005;夏纪军和张晏,2008)。从上述分析可见,在分析公司特征对财政政策实施效果的调节作用时,有必要从股权性质、股权治理和管理层激励三个方面来展开。

综合上述文献分析可见:(1)目前,财政政策影响效应的分析更多集中于宏观效应,财政政策对市场的影响既可能表现在需求端,也可能表现在供给端,即可能是拉动效应,也可能是挤出效应;(2)股权性质、股权治理和管理层激励三个因素是影响企业价值的基本因素,在分析财政政策环境如何影响企业的价值创造过程必然受到以上三方面因素的调节。基于上述认识,本文将分别从拉动效应和挤出效应如何受到公司治理三个层面因素影响的角度出发,对财政政策的需求端和供给端效应进行理论分析,并结合中国制度背景特征以推导可能的逻辑假设。

三、理论分析与假设提出

宏观上,扩张性财政政策既有拉动效应也有挤出效应;扩张性财政政策是企业经营所面临的外部环境,宏观上的拉动和挤出效应同样会作用于微观企业。拉动效应(Crowding-in Effect)是指政府的财政支出扩张(赤字)有利于国民收入和私人投资增加，促进企业价值的增加效应，带动经济增长。挤出效应（Crowding – out Effect）是指政府的财政支出扩张（赤字）导致私人投资减少，削弱企业价值的增加效应，不利于经济增长（吴洪鹏和刘璐，2007）。扩张性财政政策拉动效应主要体现有：（1）直接增加市场机会。政府支出增加会直接形成社会购买。当政府以消费者的角色在市场上购买企业生产的产品时，就能够给企业直接带来营业收入的增加，进而提升企业的价值。（2）间接带动企业投资需求。一方面，政府通过大幅减税，将会有效调动企业生产的积极性，从而促进企业加大投资力度。另一方面，政府通过财政支出加大基础设施建设时，会对相配套的产业产生大量需求，从而对私人投资形成一种拉动，逐渐提升经济活力，吸引私人投资增加。（3）可能降低企业融资约束。在资本市场上，宽松财政政策可能配合宽松货币政策，在降低企业融资约束方面发挥作用，降低企业的投资成本，增加企业投资的可能性。扩张性财政政策挤出效应主要体现在：（1）投资挤出效应。当政府支出直接代替了原本私人部门要发生的投资时，本该由私有部门进行的投资机会被政府部门所挤占，应该被私有部门使用的资金资源被政府所占有，即政府从投资机会和资金占有两个方面对私有部门投资产生挤出效应。（2）融资挤出效应。政府向公众进行借款就会引起政府和私人部门在借贷资金需求上的竞争，这减少了私人部门的资金供应，恶化了私人部门的投资环境，从而使私人部门投资对未来收益的预期趋于悲观，进而减少投资；同时，财政支出扩张可能会引起利率上升，导致企业融资成本增加，提高企业期望收益率，也可能增加企业运营成本，进一步抑制私人投资行为。

结合中国制度背景和经济发展历程来看，扩张性财政政策的拉动效应逻辑上应强于其挤出效应，原因可能在于：（1）需求端。一方面，政府财政支出增加扩大了对社会产品和服务的需求，繁荣企业产品市场，增加企业投资机会和产品销售，促进企业价值增加。扩张性财政政策之所以能够增加企业价值，本质上依赖财政政策工具所创造的政策性市场机会对企业的拉动作用，即为扩张性财政政策的市场机会直接拉动作用。同时，政府直接投资增加的市场机会，会通过乘数效应带动其他行业产品的需求增加，进而实现扩张性财政政策的间接拉动效应。另一方面，政府直接投资会从机会排斥和资源占用两个方面对市场源发性投资产生挤出效应。这种效应产生的前提是，市场源发性需求本身比较旺盛，私有部门具有较强的投资意愿和资源有限。但是在过去20多年发展过程中，中国总体上一直处于市场有效需求不足、企业投资意愿低下的状态（许宪春等，2013；陈共，2015）。因此，在产品市场中拉动效应相对显著，投资挤出效应发生的可能性或影响程度相对较小。从需求端的分析可见，在需求端扩张性财政政策的投资机会挤出效应较弱，而其通过政府投资实现的直接和间接拉动效应则更为显著，总体上呈现为扩张性财政政策的拉动效应。（2）供给端。首先，在实施扩张性财政政策时，政府向社会进行融资，将资金使用方向进行了转移，可能产生融资挤出效应。这种挤出效应发生的前提是政府融资需求高于社会资金的供给。实际情况是，过去16年中国货币政策是相对宽松的，广义货币供应量M2的增长率基本维持在13%以上。可见，扩张性财政政策的融资挤出效应相对比较弱。其次，过去10多年中国政府财政支出的主要使用方向为"铁公基"项目（张宇，2013；王银梅和张亚琼，2014），政府对有助于要素供给方面（如人力资源、科技创新等）的投入相对有限，导致扩张性财政政策的供给端拉动效应相对较弱。从供给端的分析可见，在过去财政政策使用方向以及货币政策的配合情况下，供给端拉动和挤出效应逻辑上应该都相对较弱。因此，综合需求端和供给端两个角度的分析可以推断，在中国制度背景下扩张性财政政策更多的是通过增加财政支出的形式，在产品市场给企业创造了更多的市场机会，通过促进企业投资和增加销售收入的方式提高了企业业绩和价值创造。据此，提出假设H1：

H1：公司所处地区财政政策的扩张程度越强，其企业价值越高。

在中国制度背景下，股权性质差异是国有企业和非国有企业在占有和利用经济资源方面存在差异的决定性因素。在占有资源方面，首先国有企业因为具有全民所有的特征，以及董事会和管理层与政府人员之间的关系（罗党论和杨玉萍，2013），对于财政政策所创造的政策性市场机会而言，国有企业占有这种市场机会具有先天性的优势。这些优势不仅会使得其能够占有，甚至会以更低的成本占有这些机会；其次，国有企业所生产的产品往往具有一定程度的公共品属性，从产品特征角度也决定其能够更多地占有这种政策性市场机会。可见，在政策性市场机会来临时，国有企业会占有更多的市场机会。在利用经济资源方面，更多政策性市场机会的占有可能会导致企业更低效率的价值创造。政策性市场机会的占有能够拉动企业投资和销售收入的增加，提高企业价值。但政策性市场机会占有并不一定会提高企业的价值创造效率。宏观上，政府财政支出配置资源对于市场配置资源而言是一种相对低效的过程（李永友，2010；郑尚植，2012）。企业占有更多的政策性市场机会，意味着企业更加深入地参与了财政政策实施。如果国有企业配置资源进行价值创造的原本效率低于财政政策对资源配置的效率，则占有更多政策性市场机会能够拉高国有企业的价值创造效率。如果国有企业的原本效率高于财政政策的效率，则占有更多政策性市场机会将拉低国有企业的价值创造效率。理论上，国有企业有部分资源配置是源发性市场需求促发的，部分资源配置是政策性市场机会而导致的。而长期来看政府投资效率低于私人部门投资效率（钞小静和任保平，2008）。因此，部分资源配置效率高于政策配置效率，部分资源配置效率和政策配置资源效率持平，最终则会表现为国有企业资源配置效率高于财政政策配置资源的效率。换句话说，国有企业参与更多政策性市场机会，其价值创造的边际效应被更大程度拉低的可能性更大。在微观上，因为国有企业在公司治理方面存在固有缺陷，导致国有企业努力提高企业价值边际效应的动机相对较弱（胡一帆等，2005），具体可能表现为其在市场机会敏感性和经营努力程度方面相对较弱，最终结果导致国有企业价值创造的边际效应相对弱于非国有企业。总结企业占有和利用经济资源两个层次的分析可见：与非国有企业的价值创造边际效应相比，国有企业的价值创造边际效应原本就相对较低，同时国有企业又更深入地参与了财政政策这一更低效率的资源配置过程，这将会进一步使得国有企业的价值创造边际效应小于非国有企业的价值创造边际效应。据此，提出假设 H2：

H2：就利用扩张性财政政策实现价值创造的边际效应而言，国有企业显著弱于非国有企业。

四、研究设计

（一）样本与数据来源

本文样本选自 2003—2014 年沪深两市的 A 股上市公司样本数据，剔除了金融类行业、ST/PT 或退市以及数据有缺失的样本。为了避免极端值影响，对实证模型中连续变量进行了上下各 1% 的缩尾处理，最终得到 17188 个观测样本。上市公司数据来自 CSMAR 中国上市公司研究数据库，财政收入、财政支出和国内生产总值等省级数据来自中国国家统计局网站。上市公司样本数据与省级数据通过上市公司所处省份的名称进行了关联。模型相关数据处理和回归分析采用 Stata13.0 软件完成。

（二）回归模型建立

参考杜兴强等（2011）的研究方法，建立模型（1）运用全样本进行固定效应分析，以检验假设 H1 和 H2，具体如公式（1）所示。

$$Tobin_{it} = \beta_0 + \beta_1 Defct_{it} + \beta_2 Defct_{it} \times Soe_{it} + \beta_3 Size_{it} + \beta_4 Lev_{it} + \beta_5 Ocf_{it} + \beta_6 Grw_{it} \\ + \beta_7 Shrt_{it} + \beta_8 Shrz_{it} + \beta_9 Mshr_{it} + \beta_{10} Soe_{it} + \beta_{11} Age_{it} + \beta_{12} Bdsz_{it} \\ + \beta_{13} Bdindt_{it} + \beta_{14} M4p_{it} + \sum Year + \sum indr + \varepsilon \quad (1)$$

式（1）中，$Tobin$ 代表 t 期 i 公司的公司价值，等于公司年末市场价值与公司账面价值的比值；$Defct$ 为 $t-1$ 期 i 公司所处地区的财政赤字率。财政政策实施最终表现为财政收入与财政支出总量的增减及其内部结构的调整。财政赤字是财政支出大于财政收入而形成的差额，反映一个地区中财政政策的扩张程度，预计其系数为正，为模型的主要考察变量。在计算时，本文借鉴许雄奇等（2006）的方法，利用公式：财政赤字率 =（财政支出 − 财政收入）/GDP × CPI 计算了年度 − 省财政赤字率。其中，GDP 为年度 − 省内生产总值，CPI 为年度居民消费价格指数。Soe 为企业最终控制人类型虚拟变量，国有控股取值为 1，否则为 0；$Defct \times Soe$ 为财政赤字率与股权性质的交互项，该系数表明国有企业相对非国有企业利用财政政策的价值创造边际效应的差异，预计其系数显著为负。

控制变量部分，模型控制了公司规模、财务杠杆、盈利能力、公司治理、GDP 增长率等因素。变量 Size 表示公司规模，等于年末资产总额的自然对数；Lev 为公司财务杠杆百分数，等于年末资产负债率；Ocf 为经营活动现金流，等于年度经营活动净现金流量占年度营业收入的比例；Grw 为销售增长率，等于本年度销售收入增加额除以上年度销售收入；Shrt 为第一大股东持股比例；Shrz 为股权制衡度，等于第二到第五大股东持股比例之和与第一大股东持股比例之比；Mshr 为管理层持股比例；Age 为上市年数；Bdsz 为董事会规模，等于上市公司董事会人数；Bdindt 为独董比例，等于独立董事人数除以董事会所有人数；M4p 为该样本是否受到"四万亿"计划影响的虚拟变量，如果该样本属于 2008 年、2009 年和 2010 年则为 1，否则为 0。另外，模型中还控制了年度（Year）和行业（Indr）效应。

五、实证分析

（一）描述性统计

主要变量的描述性统计结果如表 1 所示。

表 1　　　　　　　　　　　　描述性统计

变量	变量描述	样本数	均值	中位数	标准差	最小值	最大值
Tobin	企业价值	17188	1.766	1.324	1.498	0.232	8.780
Defct	财政赤字率	17188	0.063	0.034	0.057	0.009	0.272
Size	公司规模	17188	21.700	21.542	1.173	19.254	25.337
Lev	财务杠杆	17188	0.464	0.476	0.207	0.047	0.934
Ocf	经营现金流	17188	0.045	0.045	0.078	-0.207	0.264
Grw	销售增长率	17188	0.185	0.134	0.349	-0.486	1.552
Shrt	第一大股东持股比例	17188	37.309	35.420	15.661	9.229	75.734
Shrz	第二和第三大股东持股比例之和	17188	12.709	10.165	9.846	0.611	37.139
Mshr	管理层持股比例	17188	0.077	0.000	0.170	0.000	0.683
Soe	股权性质，1 国企，0 非国企	17188	0.533	1.000	0.499	0.000	1.000
Age	上市年数	17188	2.702	2.828	0.989	1.000	4.472
Bdsz	董事会规模	17188	3.003	3.000	0.303	2.236	3.873
Bdindt	独董比例	17188	0.362	0.333	0.053	0.000	0.556
M4p	哑变量，是否受"四万亿"影响	17188	0.144	0.000	0.351	0.000	1.000

在表 1 中，财政赤字率 Defct 在样本考察期间均为正值，说明我国在此期间每年都

存在财政赤字,国家采用扩张性财政政策对经济进行宏观调控已经成为一种常态,这在一定程度上佐证了扩张性财政政策对经济增长具有正向拉动效应;销售增长率 Grw 均值为 0.185,说明上市公司呈现较快收入增长;第一大股东持股比例 $Shrt$ 均值和中位数分别为 37.309% 和 35.420%,说明上市公司的股权集中度较高,第一大股东最高持股占比高达 75.734%;股权制衡度 $Shrz$ 均值为 12.709,中位数为 10.165,说明公司间股权制衡度存在较大差异;管理层持股比例 $Mshr$ 均值为 0.077,说明整体看,上市公司实施股权激励强度并不大。

(二) 财政政策扩张与企业价值之间的波动性分析

图 1 所示为国有企业和非国有企业两组样本的企业价值与所处地区财政政策扩张程度之间的波动性分析。

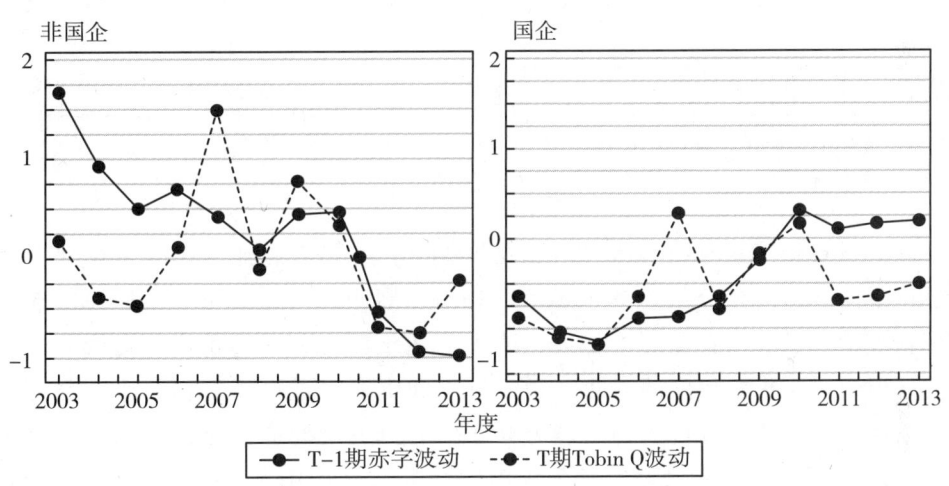

图 1 财政政策对企业价值的波动性分析

从图 1 可见,国有企业的 T 期企业价值紧随企业所处地区的 $T-1$ 期财政政策扩张程度的波动而波动,显示财政政策扩张程度变化会引发公司的企业价值变化;将国有企业和非国有企业两组样本结合来看可发现,国有企业的企业价值更加紧密地跟随所处地区财政政策扩张而波动,揭示在中国制度背景下国有企业更加深入地参与了财政政策的实施,也就是说政府将更多的政策性市场机会给予了国有企业,进而表现为国有企业的企业价值更紧密地跟随财政政策的波动而波动。

(三) 财政政策扩张程度对不同股权性质企业影响效应的组间分析

为了说明财政政策扩张程度对国有企业和非国有企业价值效应的影响差异,本文将财政政策扩张分为紧缩、适中和宽松三种程度,分别对国有企业和非国有企业样本组进行组间差异分析,结果如表 2 所示。

表2　　　　　　　　　财政政策扩张对国有和非国有企业价值影响的组间分析

扩张程度	股权性质						总计与组间 T 检验			
	国有企业			非国有企业			总计			企业价值
	样本	赤字	价值	样本	赤字	价值	样本	赤字	价值	[非国企]-[国企]	财政政策扩张程度组间
紧缩	2263	0.021	1.467	2717	0.018	1.851	4980	0.019	1.677	0.385*** (15.49)	[适中]-[紧缩] 0.014 (0.071)
适中	2408	0.049	1.460	1924	0.049	1.979	4332	0.049	1.690	0.519*** (18.46)	[宽松]-[适中] 0.076*** (3.626)
宽松	2496	0.132	1.557	1858	0.129	2.047	4354	0.131	1.766	0.490*** (16.48)	[宽松]-[紧缩] 0.090*** (4.580)
总计	7167	0.069	1.496	6499	0.059	1.945	13666	0.064	1.710	0.449*** (28.45)	

说明：括号中为 t 值，*** 表示 1% 的显著性水平，** 表示 5% 的显著性水平，* 表示 10% 的显著性水平。下文同。

在表 2 财政政策紧缩组、适中组和宽松组中，非国有企业与国有企业利用现有资产创造价值的能力差异分别为 0.385、0.519 和 0.490，一方面说明无论在何种财政政策扩张程度下，非国有企业的价值创造能力都强于国有企业的价值创造能力，另一方面说明在财政政策扩张程度的初期（紧缩组）和中期（适中组）国有企业因为占有更多的政策性市场机会，其价值创造能力与非国有企业之间的差距被拉大（由 0.385 向 0.519 转变），然而随着财政政策扩张程度的深入（适中组和宽松组比较），政策性市场机会不但被国有企业所占有，也可能通过乘数效应被非国有企业所占有，意味着非国有企业也越来越多地参与到财政政策的实施过程中，这使得国有企业和非国有企业在价值创造能力方面的差异得以缩小（由 0.519 向 0.449 转变）。上述发现揭示，参与政策性市场机会程度越深，政策性市场机会对企业的价值创造能力的拉动作用越明显，佐证前述分析逻辑具有合理性。观察企业价值在财政政策扩张程度间的差异分析可见，在紧缩组和适中组之间的差异（0.014）并不显著，此时扩张性财政政策更多还只是有利于国有企业的价值增加，而非国有企业的价值增加尚不明晰甚或还具有挤出效应，从而导致该项统计不显著；然而当财政政策扩张程度达到适中组和宽松组时，财政政策扩张对全样本的价值拉动效应都体现了出来，在表 2 中呈现为 0.076 和 0.090，都在 1% 水平显著为正。

（四）相关性分析

表 3 为主要变量的 Pearson 相关系数矩阵。

表 3　　主要变量的相关系数矩阵

	Tobin	Defct	Size	Grw	Shrt	Shrz	Mshr	Soe
Tobin	1.000							
Defct	0.060***	1.000						
Size	-0.317***	-0.029***	1.000					
Grw	0.011	0.034***	0.085***	1.000				
Shrt	-0.191***	-0.054***	0.261***	0.085***	1.000			
Shrz	0.067***	-0.009	-0.154***	-0.008	-0.653***	1.000		
Mshr	0.013	-0.127***	-0.131***	-0.004	-0.122***	0.263***	1.000	
Soe	-0.237***	0.086***	0.209***	-0.009	0.217***	-0.196***	-0.331***	1.000

表 3 中，财政政策扩张程度 Defct 与企业价值 Tobin 在 1% 水平上显著正相关，揭示企业价值与财政政策扩张程度具有较高的相关性，研究两者关系具有统计可行性。大股东持股比例 Shrt 与企业价值 Tobin 之间显著负相关，揭示在中国上市公司中大股东治理效应存在的同时，大股东出于其自身利益可能会做出不利于公司整体价值的机会主义行为。股权制衡度 Shrz 与企业价值 Tobin 之间显著正相关，揭示中国上市公司中股权制衡有助于提高企业价值；结合大股东持股 Shrt 与企业价值 Tobin 之间显著负相关，可进一步揭示股权制衡有助于缓解大股东侵占中小股东利益的隧道效应。管理层持股比例 Mshr 与企业价值 Tobin 之间的相关性显著性不强，这可能与国有企业较少采用股权激励和国有企业所占比例较高有关。

（五）回归分析

在回归分析时，为了降低模型中的潜在多重共线性，将连续变量进行去中心化处理后，代入模型进行分析，得到结果如表 4 所示。

表 4　　财政政策、股权性质对企业价值的影响分析

	(1)		(2)	
	系数	T 值	系数	T 值
Defct	0.124***	5.292	0.173***	6.258
Defct × Soe			-0.063***	-7.109
Size	-0.692***	-10.358	-0.691***	-10.341
Lev	-0.131***	-14.597	-0.129***	-14.155
Ocf	0.047***	7.012	0.047***	6.966
Grw	0.064***	5.184	0.063***	5.170
Shrt	0.074***	5.086	0.075***	5.040

续表

	(1)		(2)	
	系数	T 值	系数	T 值
Shrz	0.022**	2.074	0.025**	2.237
Mshr	0.098***	3.654	0.098***	3.724
Soe	-0.038***	-2.579	-0.032**	-2.217
Age	0.178***	6.900	0.175***	6.631
Bdsz	0.023**	2.246	0.023**	2.237
Bdindt	0.016*	1.726	0.016*	1.776
M4p	0.287***	15.346	0.288***	15.077
常数	0.152***	10.611	0.147***	9.763
R^2	0.448		0.448	
样本数	17188		17188	

表 4 中，财政赤字率 Defct 系数在 1% 水平上显著为正，与假设 H1 预计的正向相关相符，验证了假设 H1，说明公司所处地区的财政政策扩张程度越高，企业价值越高，揭示扩张性财政政策所创造的政策性市场机会在产品市场确实增加了企业的投资机会和销售收入，进而提高了企业价值。表 4 显示，财政赤字率 Defct 与企业股权性质 Soe 的交互项 Defct×Soe 在 1% 水平上显著为负，与假设 H2 预计的负向相关相符，验证了假设 H2，表明就利用财政政策进行价值创造而言，非国有企业的边际效应要显著高于国有企业，其原因可能在于国有企业参与更多的政策性市场机会，更加深入地参与了财政政策对经济资源的配置过程，从而导致价值创造的边际效应被显著拉低。该结果一方面揭示，财政政策配置经济资源的效率确实低于市场配置资源的效率，在市场机制有效的情况下应尽量减少财政政策的扩张；另一方面揭示，在运用财政政策时可以通过将财政政策的实施主体尽量转向非国有企业来提高财政政策经济资源配置的效率。这两方面结论从不同角度加深了人们对财政政策的微观理解，有助于未来更好地制定和实施财政政策。

在控制变量方面，企业规模 Size 在 1% 水平上显著负相关，表明企业规模越大，企业价值创造的边际效应越弱；企业资产负债率 Lev 在 1% 水平上显著负相关，表明企业过多通过负债扩张经营不利于企业价值的增加；大股东持股比例 Shrt 在 1% 水平上显著为正，表明大股东持股比例增加有助于大股东治理效应的发挥，增加企业价值。股权制衡度 Shrz 在 5% 水平上显著为正，表明总体上股权制衡发挥了积极的治理效应，增强了企业价值。股权制衡度 Shrz 显著为正的结果可能是国有企业和非国有企业中不同股权制衡效应的综合体现。在中国制度背景下，国有企业大股东一般为各级政府，政府资源不仅给国有企业带来优势,同时也导致国有企业承担更多的非经济性目标,使得国有企业决策过程中存在较多的经济非理性,而股权制衡能够提高企业决策的科学性,加强对企业经营管理的监督,从而缓解上述非理性决策,使得股权制衡度与企业价值间表现为正向相关。管理层持股比例 $Mshr$ 在1%水平上显著为正,表明上市公司管理层持股比例越高,企业价值越高,管理层激励效应存在。上述结论与现有研究结论一致(McConnell 和 Servaes,1995;朱红军和汪辉,2004;白重恩等,2005;徐莉萍等,2006;王化成等,2015)。

六、进一步分析

(一)问题提出与模型设定

如前所述,股权性质、股权治理和管理层激励三个层面因素是影响企业价值最大化的基本因素。在明晰股权性质对财政政策扩张的企业价值影响效应之后,直观问题是:国有企业和非国有企业的股权治理因素和管理层激励因素如何影响扩张性财政政策的效应?为回答上述问题,下文将结合中国制度背景分析国有企业和非国有企业股权治理和管理层激励两层因素对财政政策效应的调节作用。

在股权治理层面上,大股东持股比例和股权制衡度是影响企业价值最大化的两个重要因素。一方面,当大股东持股比例越高时,大股东有更强烈的意愿和动机为实现公司价值最大化而努力。因为随着持股比例的提高,大股东利益与公司价值最大化一致程度越高,最终表现为大股东的治理效应(王化成等,2015)。另一方面,随着大股东持股比例的提高,其出于经济人的机会主义特质,大股东可能会采取一些侵占中小股东利益以增加自身利益但不利于企业总体价值最大化的行为,进而引发隧道效应。这种隧道效应行为有利于其自身利益而不利于公司价值增加。结合中国制度背景分析可发现,对国有企业而言真正所有者缺位使得大股东治理效应的重要性降低,国有持股比例增加的多少对国有企业价值增加效应并没有非国有企业中那么显著,反而是股权制衡提高董事会决策科学性更为重要。对非国有企业而言,隧道效应显著性更高,股权制衡的影响更为重要,有必要就股权制衡度如何调节扩张性财政政策的价值创造效应做进一步研究。

管理层股权激励是委托代理层面上影响企业价值创造的重要因素。委托代理问题的核心是如何确保管理层与所有者利益的一致性。通过让管理层持有股权是实现管理层激励、保持两者利益一致的重要手段,其可以有效降低代理成本、增加企业价值(Jensen 和 Meckling,1976)。然而李增泉(2000)和魏刚(2000)等研究发现,管理层持股与企业价值之间并不存在显著正向关系,甚至还有得出高管持股与企业价值之间存在负向关系的结论(俞鸿琳,2006)。在中国市场条件下,国有企业进行股权激励存在诸多制度性障碍,使用股权激励的情况比较少(蔡吉甫和陈敏,2005;陈冬华等,

2005；夏纪军和张晏，2008；沈红波等，2012）。相对而言，非国有企业中股权激励对企业价值的提升效应越来越受到学术界和实务界的重视（蔡吉甫和陈敏，2005；夏纪军和张晏，2008）。可见，在国有企业样本中管理层持股比例对企业如何利用财政政策增加企业价值的调节效应应该不显著，而在非国有企业中管理层持股比例应具有显著调节作用，值得进一步分析。

为了回答上述问题，本文建立模型（2）从股权制衡和管理层持股两个角度，分别对国有企业和非国有企业样本进行分析和考察，具体如公式（2）所示。

$$Tobin_{it} = \beta_0 + \beta_1 Defct_{it} + \beta_2 Defct_{it} \times Shrz_{it} + \beta_3 Shrz_{it} + \beta_4 Defct_{it} \times Mshr + \beta_5 Mshr_{it}$$
$$+ \beta_6 Size_{it} + \beta_7 Lev_{it} + \beta_8 Ocf_{it} + \beta_9 Grw_{it} + \beta_{10} Shrt_{it} + \beta_{11} Age_{it} + \beta_{12} Bdsz_{it}$$
$$+ \beta_{13} Bdindt_{it} + \beta_{14} M4p_{it} + \sum Year + \sum indr + \varepsilon \quad (2)$$

模型（2）中，财政赤字率与股权制衡度交互项 $Defct \times Shrz$、财政赤字率与管理层持股交互项 $Defct \times Mshr$ 系数为模型考察的主要对象，其余变量定义与模型（1）一致。

在国有企业样本中，股权制衡度的提高有助于企业更加科学地进行决策，减少在政策性市场机会来临时的过度投资，增强国有企业利用扩张性财政政策所创造市场机会的效率，最终表现为股权制衡度对财政政策扩张程度与企业价值正向相关关系的增强作用，预计 $Defct \times Shrz$ 系数显著为正。管理层持股比例的提高有助于管理层更为勤勉尽职地为实现企业价值最大化而努力，在利用财政政策所创造市场机会的过程中，管理层将会付出更大努力去降低占有经济资源的成本，想更多办法来提高经济资源的利用效率，预计两组样本中 $Defct \times Mshr$ 系数均显著为正。在非国有企业样本中，股权制衡既可能让企业决策科学性得以提高，使得企业利用财政政策的边际效应得以提升，也可能促发"内耗"而导致企业利用财政政策的边际效应降低，可见非国有企业样本中的 $Defct \times Shrz$ 系数可能为正、可能为负或者不显著。

（二）回归结果与问题说明

为了验证上述推断，将全样本、按照企业性质分组的两组样本，分别代入模型（2）进行回归分析，得到结果如表5所示。

表5　　不同股权性质下公司治理因素的调节作用分析

	(1)		(2)		(3)	
	系数	T值	系数	T值	系数	T值
Defct	0.155***	5.393	0.310***	5.128	0.100***	4.477
Defct × Shrz	0.004	0.489	0.029**	2.087	−0.023*	−1.832
Defct × Mshr	0.062***	5.888	0.148***	3.521	0.062***	4.605
Shrz	0.023**	2.056	0.032**	2.347	0.030***	3.994

续表

	（1）		（2）		（3）	
	系数	T 值	系数	T 值	系数	T 值
Mshr	0.123***	4.733	0.048	1.454	0.124***	5.058
Size	-0.697***	-10.393	-0.685***	-8.873	-0.628***	-14.111
Lev	-0.130***	-14.658	-0.184***	-12.883	-0.086***	-8.526
Ocf	0.047***	7.037	0.048***	7.974	0.044***	4.113
Grw	0.064***	5.260	0.055***	4.480	0.067***	6.178
Shrt	0.074***	4.901	0.094***	3.156	0.070***	4.467
Age	0.167***	5.716	0.106***	2.176	0.154***	4.352
Bdsz	0.022**	2.173	0.019*	1.689	0.025**	1.963
Bdindt	0.016*	1.811	0.006	0.589	0.026**	2.144
M4p	0.295***	14.973	0.305***	9.124	0.020	1.024
常数	0.151***	12.376	0.149***	4.387	0.135**	2.139
R^2	0.448		0.466		0.459	
样本数	17188		9167		8021	

说明：（1）被解释变量为企业价值；（2）第（1）列展示股权制衡度、管理层持股比例对财政政策的企业价值影响效应的调节作用；第（2）列和第（3）列分别展示股权制衡度、管理层持股比例在国企和非国企样本组中影响方式的差异。

表 5 中，无论是全样本还是国企样本或非国企样本组，财政赤字率 Defct 系数都在 1% 水平上显著为正，再次验证假设 H1，说明文中假设 H1 的结论具有稳健性。在第（2）列中，财政赤字率与股权制衡度的交互项 Defct×Shrz 的系数显著为正，表明在国有企业中股权制衡程度越高，企业利用财政赤字政策进行价值创造的边际效应越高，揭示股权制衡有助于国有企业在利用财政政策所创造市场机会的过程中进行更为科学的决策，比如对非理性的过度投资可能进行了控制；在第（3）列中，财政赤字率与股权制衡度的交互项 Defct×Shrz 的系数显著为负，表明在非国有企业中股权制衡程度越高，越容易产生股东间的"内耗效应"，不利于企业价值的提升。表 5 显示，无论是全样本还是国企样本或非国企样本组，财政赤字率与管理层持股比例交互项 Defct×Mshr 的系数显著为正，表明管理持股比例越高，企业利用财政赤字政策进行价值创造的边际效应越高，揭示管理层激励能促进其在利用财政政策过程中付出更多努力，以提高经济资源占有和利用效率。

从表 5 控制变量的检验结果看，企业规模 Size、资产负债率 Lev 的系数均在 1% 水平上显著为负，而大股东持股比例 Shrt、股权制衡度 Shrz、管理层持股比例 Mshr、企业经营性现金流 Ocf 和销售增长率 Grw 等的系数均显著为正，与表 4 和现有研究结果一致。

(三) 稳健性检验

为了保证稳健性，文中还进行了稳健性测试，均发现基本结论不变。稳健性测试主要有以下六个方面：(1) 财政赤字率的衡量。在计算财政赤字率时，剔除 CPI 因素重新计算财政赤字率，代入模型分析，未发现结论有实质性改变。(2) 货币政策对模型回归结果的影响。在模型中加入广义货币量 $M2$ 同比增长率来控制货币政策对结果稳健性的影响，未发现模型主要变量的系数和符号发生实质性变化。(3) "四万亿"对模型回归结果的影响。改变 $M4p$ 变量的计算方式，当样本处于 2009 年度和 2010 年度时变量取 1，其他年度取 0。回归分析后，未发现模型主要变量的系数和符号发生实质性变化。(4) 样本区间变化。将样本区间缩短到 2003—2008 年与 2005—2013 年对模型进行回归分析未发现结论有实质性改变。(5) 行业分类变化。文中还依据行业代码的第 1 位和第 1~3 位分别对行业进行分类，代入模型分析未发现结论有实质性改变。(6) 模型分析方法方面。在分析时，还分别对公司与行业进行 Cluster 处理，也运用 Driscoll – Kraay 方法对估计值标准误进行了调整，均未发现结论实质性改变，也未发现模型具有严重共线性。

七、研究结论与局限

本研究将财政政策看作微观企业经营环境的组成部分，首先从财政政策经济后果、企业价值创造影响因素以及两者相互契合角度，分析了财政政策对企业价值创造的影响效应与内在机理；然后运用 2003—2014 年中国沪深 A 股上市公司样本数据，研究了公司所处地区财政政策扩张程度与相应公司企业价值之间的相关关系，以及企业股权性质、股权制衡、管理层激励对上述关系的调节作用。研究表明，公司所处地区财政政策扩张程度越高，公司的企业价值越高；比较国有企业和非国有企业利用财政政策促进企业价值提高的边际效应后发现，非国有企业利用财政政策提高价值的边际效应显著强于国有企业，其原因可能在于非国有企业利用政策性市场机会的效率相对较高。本文进一步在中国制度背景下从股权治理和委托代理治理两个层面，分析和检验了股权制衡和管理层持股对企业利用财政政策实现价值创造所产生的调节作用。结果发现，管理层持股能够提高企业利用财政政策进行价值创造的边际效应，而股权制衡对财政政策边际效应的提高作用在国有企业中更为显著。

本文研究启示主要体现在三个方面：(1) 在理论认知方面，本文以扩张性财政政策为问题起点，把财政政策环境纳入企业价值创造影响因素的分析体系中，将财政政策的影响效应分析拓展到微观企业领域，并结合中国制度背景分析和检验了不同微观主体利用财政政策的效率差异，一定程度揭示了财政政策影响企业微观行为的路径机理。(2) 在微观企业治理实践领域，实证发现管理层激励和国有企业股权制衡，是当前中国制度背景下有效公司治理机制的重要组成部分,是公司提高其公司治理水平的重要手段。(3) 在宏观政策实践领域,研究揭示在社会有效需求不足时,政府实施扩张性财政政策有其必要性,但是在政策实践中应充分注重货币政策与财政政策的协调配合,否则可能会导致企业融资约束加大而抵消扩张性财政政策的拉动效应;在政策实施主体方面,过去政府在实施扩张性财政政策时更多地依赖于国有企业来实施;未来如果能够更大程度地通过非国有企业来实施财政政策,将有助于更大程度地提高财政政策配置经济资源的效率。

本文研究虽然对宏观财政政策的微观影响效应和机制进行多维度和多层次分析,但囿于所研究问题的复杂性,研究中尚有改进空间。首先,财政政策微观机理分析有待未来更进一步加深;其次,财政政策扩张程度用财政赤字率来衡量,虽然将多种因素综合纳入分析体系,但其综合性也导致微观机理分析和验证的难度加大,进而引发深度分析的困难性。未来可基于财政支出和财政收入的内部构成来分解问题、细化指标,以期将问题分析地更加明晰和透彻。

主要参考文献

白重恩,刘俏,陆洲,宋敏,张俊喜.2005.中国上市公司治理结构的实证研究.经济研究,2:81—91。

蔡吉甫,陈敏.2005.控制权性质、管理层持股与公司治理效率.产业经济研究,3:16—22。

蔡吉甫,杨智杰.2005.内部人持股与公司治理效率关系研究.当代经济管理,4:142—147。

曹廷求,刘呼声.2003.大股东治理与公司治理效率.改革,1:33—37。

钞小静,任保平.2008.经济转型、民间投资成长与政府投资转向——投资推动中国经济高速增长的实证分析.经济科学,2:5—15。

陈冬华,陈信元,万华林.2005.国有企业中的薪酬管制与在职消费.经济研究,2:92—101。

陈共.2015.财政学.北京:中国人民大学出版社,212—225。

杜兴强,曾泉,杜颖洁.2011.政治联系、过度投资与公司价值——基于国有上市公司的经验证据.金融研究,8:93—110。

郭庆旺,赵志耘.1999.论我国财政赤字的拉动效应.财贸经济,6:32—36。

胡一帆,宋敏,张俊喜.2005.竞争、产权、公司治理三大理论的相对重要性及交互关系.经济研究,9:44—57。

姜付秀,朱冰,王运通.2014.国有企业的经理激励契约更不看重绩效吗?.管理世界,9:143—159。

姜国华,饶品贵.2011.宏观经济政策与微观企业行为——拓展会计与财务研究新领域.会计研究,3:9—18+94。

李永友.2010.中国地方财政资金配置效率核算与分析.经济学家,6:95—102。

李增泉.2010.激励机制与企业绩效———一项基于上市公司的实证研究.会计研究,1:24—30。

刘星,刘伟.2007.监督,抑或共谋?——我国上市公司股权结构与公司价值的关系研究.会计研究,6:68—75+96。

罗党论,杨玉萍.2013.产权、政治关系与企业税负——来自中国上市公司的经验证据.世界经济文汇,4:1—19。

彭睿.1997.赤字对总供给及经济增长影响的简要分析.经济问题,3:16—20。

饶品贵,姜国华.2013.货币政策、信贷资源配置与企业业绩.管理世界,3:12—22+47+187。

尚长风.2004.制度约束下的财政政策绩效研究.北京:人民出版社,34—42。

沈红波,潘飞,高新梓.2012.制度环境与管理层持股的激励效应.中国工业经济,8:96—108。

王化成,曹丰,叶康涛.2015.监督还是掏空:大股东持股比例与股价崩盘风险.管理世界,2:45—57+187。

王鹏,周黎安.2006.控股股东的控制权、所有权与公司绩效:基于中国上市公司的证据.金融研究,2:88—98。

王秀,刘清军.2015.第一大股东股权性质、股权制衡对上市企业恶性增资影响研究.财会通讯,27:34—37。

王银梅,张亚琼.2014.完善预算管理制度优化我国财政支出结构.宏观经济研究,6:29—34+62。

魏刚.2000.高级管理层激励与上市公司经营绩效.经济研究,3:32—39+64—80。

吴洪鹏,刘璐.2007.挤出还是挤入:公共投资对民间投资的影响.世界经济,2:13—22。

吴敬琏.2003.如何实现稳定和有效率的增长.河北企业,9:4—5。

吴联生.2009.国有股权、税收优惠与公司税负.经济研究,10:109—120。

吴延兵.2012.国有企业双重效率损失研究.经济研究,3:15—27。

夏纪军,张晏.2008.控制权与激励的冲突——兼对股权激励有效性的实证分析.经济研究,3:87—98。

徐莉萍,辛宇,陈工孟.2006.股权集中度和股权制衡及其对公司经营绩效的影响.经济研究,1:90—100。

许梦博.2002.关于财政赤字研究存在的问题及对策分析.财经研究,3:27—32+38。

许梦博.2009.中国经济发展中的财政赤字问题研究.吉林:吉林大学出版社,102—113。

许宪春,王宝滨,徐雄飞.2013.中国的投资增长及其与财政政策的关系.管理世界,6:1—11。

许雄奇,张宗益,康继军.2006.财政赤字与贸易收支不平衡:来自中国经济的经验证据(1978~2003).世界经济,2:41—50。

杨兴全,张照南.2008.制度背景、股权性质与公司持有现金价值.经济研究,12:111—123。

俞鸿琳.2006.国有上市公司管理者股权激励效应的实证检验.经济科学,1:108—116。

张宇.2013.财政分权与政府财政支出结构偏异——中国政府为何偏好生产性支出.南开经济研究,3:35—50。

郑红亮.1998.公司治理理论与中国国有企业改革.经济研究,10:21—28。

郑尚植. 2012. 财政支出结构扭曲对地区经济增长影响的实证分析——基于我国东、中、西三大区域的省级面板数据. 经济与管理评论, 4: 87—91。

朱红军, 汪辉. 2004. "股权制衡"可以改善公司治理吗?——宏智科技股份有限公司控制权之争的案例研究. 管理世界, 10: 114—123 + 140—156。

Desai, M., & D. Dharmapala. 2009. Corporatetax avoidance and firm value. *Review of Economics and Statistics*, 91 (3): 537 – 546.

Hanlon M., & J. Slemrod. 2009. Whatdoes tax aggressiveness signal? Evidence from stock price reactions to news about tax shelter involvement. *Journal of Public Economics*, 93 (1): 126 – 141.

Jensen M., & W. Meckling. 1976. Theory of thefirm: managerial behavior, agency costs and capital structure. *Journal of Financial Economics*, 3 (4): 305 – 360.

Johnson S., La Porta R., Lopez – De – Silanes F., & A. 2000. Shleifer. Tunneling. *The American Economic Review*, 90 (2): 22 – 27.

McConnell J., & H. Servaes. 1995. Equityownership and the two faces of debt. *Journal of Financial Economics*, 39 (1): 131 – 157.

Expansionary Fiscal policy, Corporate Governance and Corporate Value

Fang Lin, Haiyan Yang

Abstract: Fiscal policy exists in countries of different social systems and levels of economic development. It is the important policy environment of enterprises, and will have important influence on the microscopic enterprise behaviors. However, how do different equity property and governance characteristics affect the utilization efficiency of macro policy by micro businesses? The China's Shanghai and Shenzhen A – share listed firm sample from 2003 to 2014 has been used to investigate the effect of expansionary fiscal policy, which is measured by fiscal deficit, on corporate value and the adjustment effect of equity property, counter balance mechanism of shareholder and managerial ownership. The authors find that the higher degree of regional expansionary fiscal policy, the higher enterprise value of companies located in. However, in terms of the marginal effect to use fiscal policy, state – owned enterprises are significantly weaker than non – state – owned enterprises, due to the relative inefficiency of state – owned enterprises to create value by using resources. Analyzing the regulating effect of corporate governance factors, furtherly, the authors find that both the counterbalance mechanism of shareholder of state - owned enterprises and the managerial ownership of non - state - owned enterprises have contributed to the higher using efficiency of fiscal policy to create value. The paper not only provides the empirical evidences that different microscopic main bodies have different using efficiencies of fiscal policy, but also reveals that the implementation carrier of macro policy will affect its efficiency of resource allocation.

Keywords: Fiscal policy; Corporate governance; Corporate value; Efficiency of resource allocation

权力约束、产权保护与会计舞弊治理演进*

王遂昆

【摘 要】本文从历史视角对会计舞弊的演变与治理进行了系统阐释,旨在揭示会计舞弊的演变轨迹与治理规律。会计舞弊的产生有着深刻的政治、经济与文化根源,是权力腐败在会计领域的集中表现。会计是产权结构演化的产物,会计舞弊会侵害公私产权,甚至引发严重的经济与社会危机。会计舞弊的形成具有历史必然性,其社会危害具有可控性。会计舞弊治理的关键在于防治权力腐败和强化产权保护,以切断权力与利益关系形成的联结,通过完善产权保护机制和建立有效的综合治理机制,让多元利益相关者真正参与到会计舞弊治理中来。

【关键词】会计舞弊;权力约束;产权保护;会计史

一、引言

会计舞弊是权力腐败在会计领域的集中表现。自进入文明社会后,这种舞弊行为

收稿日期:2018-06-20
基金项目:国家社会科学基金重大项目(11&ZD145);教育部人文社会科学规划基金项目(19YJA790084)
作者简介:王遂昆,男,博士,河南大学商学院副教授,suikwang@126.com。
* 作者感谢审稿人对本文的宝贵意见,但文责自负。

就同人类如影相随,逐渐演变成为社会经济发展中的公害。会计舞弊的社会危害是基础性的,对其进行治理更是贯穿了人类社会的发展历程,并成为一个世界性与历史性难题。会计是国家财政经济、资本市场以及公司经济管理的基础,会计舞弊严重损害资本市场秩序和投资者财产权益,如何对其进行有效治理不仅关乎一个国家的吏治清明和政权稳定,也是实现社会经济可持续发展的前提。

自中华人民共和国成立以来,党和政府一直非常重视权力腐败的治理工作,尤其是中国共产党第十八次全国代表大会召开后,更把反腐倡廉放在经济发展战略治理的位置之上,对会计舞弊的治理也开始进入到一个新的历史阶段。重视历史是马克思主义的基本立场,为了有效防控会计舞弊,首先必须把握它的起源和演进规律,认真总结历史上会计舞弊治理的成败得失,然后才能有针对性地治理这个社会性隐患,通过制定具有前瞻性的预防和惩治体系,取得反腐倡廉工程的新进展。本文从原理上研究了会计舞弊形成的根源及体制性成因,并从历史演进视角探索了会计舞弊治理的基本规律,可为当今社会有效治理会计舞弊和防治权力腐败提供理论支持。为了研究上的便利,同时借鉴郭道扬(2004)的历史划期方法,本文把人类社会划分为古代社会、近代社会和现代社会三个阶段,并分别以中国、英国和美国作为每个阶段的典型情况展开分析。

二、会计舞弊起源与防治会计舞弊思想的萌起

(一)人类会计行为的起源及其与产权的共生关系

生产力发展水平与人类原始的管理经济活动的需要是促进会计产生与发展的主要因素。在旧石器时代早期,生产力水平极其低下,人类通过生产活动所取得的物品远不足以维持生存,原始计量、记录行为没有产生的可能条件。而在旧石器时代中期以后,生产的发展导致剩余物品开始出现。对于一个氏族或部落而言,剩余物品的出现意味着该氏族或部落对该物品的集体所有,这就是公有产权的产生。为了储备、保管与合理地分配这些公共的剩余物品,以及在氏族或部落之间进行互通有无的交换,刻符记事、结绳记事等人类最早的计量、记录行为便萌生了(郭道扬,2004)。当时,人类原始会计行为所体现的管理目标不仅是为了维持正常的生产状况,以及管理好集体的各种物品,更重要的是对氏族或部落公共财产的增减变化过程与结果进行计量、记录,以维护氏族或部落的公共产权。自人类最早的会计行为产生之日起,产权因素便是促进其发展变化的重要原因。

(二)会计舞弊起源的政治与经济动因

会计舞弊的萌芽与私有制的起源具有共生性,都是生产力发展到一定历史阶段的

产物。在原始社会末期,农业、畜牧业和手工业的发展促进了交换活动的发展,人类社会开始出现以交换为目的的商品生产,部落里的经济关系随之复杂化起来。伴随着一夫一妻制家庭组织形式的产生,家庭逐步发展成为社会最基本的经济单元,家庭私有财产权得以确立,部分生产资料与全部生活资料开始以家庭为单元进行分配,并逐渐打上财物"私家所有"的烙印。私有制的产生使得人类社会的财产制度得到进一步发展,开始出现公有产权与私有产权并存的局面,这既是产权关系日趋复杂化的历史起点,也是人类经济犯罪乃至会计舞弊产生与发展的历史起点。最早具有条件满足私欲的是氏族或部落首领,他们"侵欲崇侈,不可盈厌。聚敛积实,不知纪极"(左丘明,2001),其所掌握的公共权力资源正好为实现这种欲望提供了可能。这些氏族或部落首领在生产和交换中利用职务上的便利条件,将集体公共财物据为己有,从而聚敛了越来越多的财富,人类社会的财产权被侵害和财富的两极分化现象开始产生。

(三)起源之际会计舞弊的社会危害及防治思想的萌芽

会计舞弊产生之初表现为对剩余物品等实物财产的侵占,这种现象会导致分配结果不公,原始社会诚实、勇敢、共同劳动和以集体利益为重等纯真质朴的道德价值观念遭到破坏,社会风气遭到败坏。社会资源是有限的,如果每个人都唯利是图,贪得无厌,为达到目的而不择手段,那么整个社会就必然陷入矛盾与冲突。这一时期主要通过道德价值观念等非正式规范来倡导清正廉洁的世风,对以权谋私、好逸恶劳等行为进行谴责和约束(王春瑜,2007),以维护氏族或部落的共同利益。这些淳朴的反腐思想的历史影响和意义十分深远,这既为后世治理会计舞弊奠定了思想和道德伦理基础,也左右着会计法制的发展轨迹。如果没有人类早期发展起来的否定自私行为和提倡清廉勤政的思想观念,就不会有现代意义上的会计舞弊治理思想与行为。人类文明的进程,从一定程度而言就是会计舞弊与会计舞弊治理双方旷日持久的博弈过程。

三、古代社会会计舞弊的演变与治理

(一)会计舞弊的重心主要集中于官厅财计组织和国家产权

在古代社会漫长的历史进程中,自然经济一直处于支配地位,商业活动与社会流动性被抑制在最低限度内,社会经济主要体现为围绕国家经济活动进行展开,保持一种"低水平的均衡"运转中(陈锋,2001)。自然经济中的产权结构及其变化决定着单式簿记的发展和完善,维护国家财产权益安全成为会计核算的根本目标。为了强化国家的中央经济集权,为集中或占有财富提供服务,历代统治者十分重视建立与完善官厅(政府)财计组织体系,并且从控制财政支出、贯彻"量入为出"之制出发,在会计、税收与国库组织之间建立起相互制约的关系,通过会计对收、支、存的考核把握收支平衡关系，以防止国家财产流失，达到稳固国家财政的目的。财计权力分割形成的财计组织制度，最终操控于最高统治者手中，而整个官僚组织体系中的各级官员则在权力环节上形成对财权的垄断性控制，由此，政府官员对计账户籍、赋税征纳、调运、仓储出纳等环节的舞弊便形成了，其中，会计舞弊是从实物形态造成国家财产被侵占所采用的最集中、最具有代表性的手段。从《汉书》中所记载汉代元狩二年上谷郡太守郝贤"计簿欺瞒不实"（班固），到明代洪武年间发生的"空印案"与"郭桓案"（毛佩琦和张自成，1994），可以看出古代社会会计舞弊发生的冲击点主要集中于国家产权，"上计簿，具文而已，务为欺谩，以避其课"（班固），贪官污吏通过伪造凭证、篡改账目、编制虚假上计报告等账簿舞弊手段，达到侵吞国家资财的目的，其是政府官员进行权力腐败等职务犯罪活动的重要依托，这也成为历代王朝走向消亡的重要原因。

（二）主要采用"政府治理"的会计舞弊治理模式

在中国古代奴隶制和封建制社会中，整个国家权力体系是在君王对官员的层层任命中建立起来的，统治者和官僚体制之间具有委托代理关系，来自官僚体制的风险是国家内生交易成本的重要组成部分（郭艳茹，2008）。这一时期治理权力腐败和防治会计舞弊主要采用的是"政府治理"模式，统治者在制度上加强了对官僚组织的控制，逐渐形成一系列具有预防贪腐内容的刑罚、监察以及考课等权力制约体系，以确保权力的正向运行和降低官僚体制的代理风险。"治国莫要于惩贪"（张晋藩，1999），财政经济根基被腐蚀，会直接危及国家经济基础，进而危及政权安危。历代贤明的统治者十分重视对会计舞弊的治理，防治手段包括建立完善会计法律制度、监察审计制度和财计部门的内部牵制制度。会计法制建设是其中的重点，中国古代社会的会计法制兼具法典式会计制度和统一会计制度的特色，对于保护以农业经济为主要形式的自然经济发挥了重要作用。通过在官僚体制内部建立起较为完备的权力监督与约束机制，形成了一套多层次的权力腐败治理体系，这些举措在一定程度上减少了会计舞弊的危害。

（三）古代社会会计舞弊治理的启示

"普天之下，莫非王土"，古代社会的产权结构具有单一性、等级性和不平等性，国家产权居于绝对支配地位；民间经济与私有产权则处于辅助位置，并且缺乏有效的私有产权保护制度，广大民众对防控会计舞弊缺乏积极性与主动性。中国古代社会的官僚体制是一种易于滋生腐败的权力体制，在人治大于法制、权力非程序性运行的社会环境下，国家所设立的监控组织与监控制度难以发挥应有的作用，各层级官员手中的执行权极易被扩张为谋取个人私利的工具，从而为权力寻租留下了空间。在王朝建立之初，凭借法制的威慑以及统治者的有效监督，各级官僚队伍尚能保持相对的廉洁，会计舞弊的危害也能控制在社会可以耐受的范围内。随着法制的逐渐废弛和统治者监管的日趋弱化，在王朝后期政府官员之间相互合谋舞弊与腐败便成为社会生活中的常态化现象，从而导致了历代王朝兴衰变迁惊人的相似（费正清，2002）。

四、近代社会会计舞弊的演变与治理

（一）会计舞弊的重心开始转移至资本市场和私有产权

私有产权制度的建立是"近代西方世界兴起的原因"（诺斯和托马斯，2009）。在产业革命的影响下，资本的原始积累导致了经济组织的变革，公司制经济逐渐成为整个社会经济的重要组成部分，其发展状态决定着近代市场经济的兴衰起落。公司制企业的发展存在着一种向心力，它不仅将社会财富吸纳入规模不断膨胀的企业集合体，而且也逐渐将企业的控制权操控在少数高管手中，使得管理层与财产所有者在公司内部权力结构中的地位发生开始发生实质性变化。公司高管不仅负责企业的生产经营决策，而且也控制着财务信息披露过程，企业在本质上开始"转变为一种在性质上类似于国家的机构"（伯利和米恩斯，2005）。公司经济与资本市场的发展，使得社会产权关系和产权结构日趋多元化和社会化，各产权主体对财务信息的依赖性逐渐加强，财务信息在市场经济中的基础性地位日益显现。市场经济的发展也相应扩展了会计舞弊蔓延开来的土壤，会计舞弊演变的重点渐自从政府部门转移至公司经济单元，其发生开始集中于上市公司与资本市场相关联的环节，其目标转变为兼及私有产权与公有产权，并且对私有产权的侵占日趋成为重要目标，侵占对象也从实物资产开始转变到货币资产方面。公司高管对企业拥有实际控制权有利于充分发挥其专业技能和提升决策效率，但也可能会诱发权力寻租等腐败行为。由于在客观上存在信息不对称，在公司治理机制不健全和缺乏有效制约的情况下，公司管理层极易滥用受托权力，利用隐瞒、编造和提供虚假财务信息等舞弊行为，误导投资者为自己或特定利益相关者谋取不正当利益。从"南海公司"事件、"格拉斯哥银行"事件可以看出，财务报表舞弊是近代社会会计舞弊的主要手段，它会导致资本市场资源配置功能错位，并引发严重的经济与社会危机。

（二）主要采用"二元治理"的会计舞弊治理模式

近代社会的会计舞弊治理主要表现在政府对资本市场的监管从无到有，以及民间审计积极参与两个方面。各国政府为适应市场经济的发展变化，一方面，逐步建立与完善近代市场经济监控体系，不断强化产权法制体系建设，对公司治理和高管权力的监管力度不断加强。英国率先通过《公司法》和《破产法》对公司的财务与会计事项做出明确规定，以防止会计舞弊行为的发生；以法、德等国为代表的大陆法系国家则把法典式会计制度建设放在公司治理的重要位置，通过创立民法、商法分立的立法格局,把会计与审计制度纳入商法体系,依法切实维护市场经济秩序。对公司会计制度的持续修订,成为近代西方国家商事立法的显著特征;另一方面,开始从法律上规定上市公司必须接受独立第三方进行审计。1720年会计师查尔斯·斯奈尔(Charles Snell)对"南海公司"会计舞弊内幕的调查标志着近代独立审计行业的诞生。1862年英国《公司法》规定公众公司必须聘请独立审计师办理查账业务,从此奠定了独立审计的法律地位。独立审计行业的诞生,标志着会计舞弊治理由古代社会"政府治理"模式,开始向近代社会以"政府治理"为主、民间独立审计行业积极参与的"二元治理"模式转变。这些防治措施在一定程度上有效遏制了股市投机和财务信息舞弊的泛滥,使会计舞弊的危害性在一定程度上得到了控制。

(三)近代社会会计舞弊治理的启示

近代社会会计舞弊治理的史实表明,缺乏有效政府监管的资本市场必将是一个投机盛行的混乱市场。面对客观上已发生重大变化的产权关系,如果政府对财务信息披露的重要性意义认识不足,没有意识到对资本市场和公司会计行为进行监管的必要性,没有及时构建公司治理机制对高管权力进行有效约束,没有及时制定统一会计制度对公司会计行为进行规范,公司高管就可以随心所欲地进行会计操纵,这样必然会导致资本市场舞弊成风、投机泛滥,最终使整个社会为此付出惨重代价。以史为鉴,必须要充分认识到财务信息所具有的社会性意义,以及会计、独立审计在公司经济与市场经济管理中所具有的基础性控制作用。没有规范的会计信息披露,就没有近代市场经济的健康发展,因此要充分发挥政府在会计舞弊治理中的主导性地位,加强统一会计制度建设,不断在基础层次强化会计在公司内部管理与资本市场控制中的重要作用;同时要认识到独立审计也是产权结构变动和产权保护的产物,是市场经济内生出的经济监督制度和会计舞弊治理的重要力量,独立审计行业应勇于承担起这一伟大历史使命。

五、现代社会会计舞弊的演变与治理

(一)会计舞弊的显著特征是公司高管和独立审计师合谋进行舞弊

在现代社会,市场经济得到进一步发展。随着资本市场与公司制经济的繁荣,社会产权关系的内容越来越复杂,其表现形式也进一步多样化。会计已经与财务管理、独立审计结成了内生关系,并在市场经济管理过程中形成了一体化基础控制关系,它们既是解决公司治理问题的基础,也是构建市场经济规范运作监控体系的基础。发达的资本市场在为公司融资和扩张提供便利的同时,也会使得股权高度分散,导致公司高管的权力日益膨胀,在事实上开始形成"强管理者、弱所有者"的基本格局(洛,

1999)。同时，互联网技术的进步与知识经济的发展，为企业的财务创新、组织创新活动拓展了空间，层出不穷的衍生金融工具创新和经过特别设计的交易方式，可以轻而易举地规避美国公认会计原则（GAAP）的监管要求，从而为高管权力腐败提供可乘之机。尤其是到了20世纪末期，安然、世通和施乐等国际知名公司都爆出会计舞弊丑闻。2002年《萨班斯法案》颁布后，美国的财务报告舞弊依然频发，贝尔斯登、麦道夫以及雷曼兄弟等公司因低估与次贷资产有关的风险而爆出会计舞弊丑闻，整个世界仍然笼罩在会计舞弊的阴影之中。会计舞弊不仅使投资者损失惨重，而且给社会造成了严重的诚信危机，并进一步危及资本市场与整个社会经济的稳定发展。

现代社会会计舞弊的显著特征是公司高管与独立审计师合谋进行舞弊，会计舞弊的复杂性、隐蔽性特征更加明显。在现代市场经济发展阶段，产权结构的多元化、复杂化使得各产权主体对财务信息和审计报告的依赖性逐渐加强，作为资本市场的"经济警察"和解决代理问题的重要机制，独立审计师的基本职责就是对公司财务报表是否公允表达进行鉴证，降低因信息不对称所产生的道德风险，以超然独立的身份保护公众产权（伍中信和曹越，2007），为资本市场的正常运行提供基础保障，然而，"理性经济人"的本性为其独立性带来了先天性阻力。在现有的制度安排下，公司高管的权力寻租行为会受到独立审计师的制约，而独立审计师的职业行为在很大程度上也受制于公司高管的意志，双方在利益上相互依存，使二者合谋寻租的空间大大增加。由于审计市场过度竞争、公司内部治理机制失衡、政府监管弱化等诸多因素的影响，严重削弱了独立审计师对来自高管等多种压力的抵抗（Nichols和Price，1976），损害其独立性的潜在威胁不断增多（见表1）。基于风险与收益的考量，独立审计师容易丧失其独立性，无视公众利益和诚信原则，主动迎合甚至与公司高管相互串通参与财务舞弊环节，对财务报告进行虚假鉴证，会计舞弊合谋由此形成。现代会计舞弊事件，几乎都是公司管理层与独立审计师舞弊合谋的结果（赵国宇和王善平，2009）。

表1　　　　　　　　损害审计师独立性的潜在威胁类型表

类型	内容
自我利益威胁（self-interest threats）	受到独立审计师的情感、金钱或其他个人利益影响
自我检查威胁（self-review threats）	评价自己或所在事务所的工作
熟悉或信任威胁（familiarity-threats）	与被审计单位有密切和长期的个人或职业关系
倾向威胁（advocacy-threats）	主观上对被审计单位持有积极或消极观点
胆怯威胁（intimidation-threats）	受被审计单位或其他利益相关者威胁

资料来源：美国审计独立性准则委员会（ISB）关于审计师独立性的概念框架。

（二）开始转向"多元治理"的会计舞弊治理模式

自从20世纪30年代政府加强会计管制以来，美国对会计舞弊的治理一直都因循着一个治乱循环。会计舞弊虽然给经济发展和社会秩序带来了很大冲击，但也在客观上促进了会计舞弊治理手段的完善与进步。现代社会的会计舞弊治理路径主要表现在三个方面：首先，建立和完善政府监管。严格统一的会计准则和准确完整的会计信息披露监管是资本市场健康发展基础，20世纪30年代的经济大危机促使美国下定决心结束公司会计实务自由散漫的局面，开始步入政府对公司会计活动进行统一监管的时代，1933年《证券法》和1934年《证券交易法》奠定了联邦政府监管会计活动的法律基础。安然事件等财务舞弊丑闻发生后，2002年美国国会通过《萨班斯法案》，严厉制裁从事会计舞弊行为的公司高管，从根本上结束了"低道德标准和虚假利润"的时代，基本上奠定了后安然时代公司治理与会计监管的框架；其次，强化独立审计行业自律。2003年美国建立公众公司会计监管委员会（PCAOB），进一步完善对独立审计师的独立性和审计质量的监督和检查，以加强行业自律；最后，充分发挥广大投资者、民间反舞弊协会、新闻媒体等社会力量，对会计舞弊行为展开全方位治理。

可以看出，在现代社会，针对会计舞弊行为的变异性，以美国为代表的西方发达国家经过多次制度创新，形成了一套相对有效的资本市场信息披露机制，通过加强政府监管、完善行业自律、吸引投资者等多元利益相关者积极参与，不断完善公司治理机制和集团诉讼机制，加强对投资者的产权保护，对公司高管与独立审计师的受托权力进行制约和监督，有效遏制了会计舞弊的蔓延，将其压制在不足以危害基本社会秩序的范围内，人类社会对会计舞弊的治理开始进入到以"政府治理"为主体，吸收市场主体和民间力量积极参与的"多元治理"模式阶段。

（三）现代社会会计舞弊治理的启示

通过对以美国为代表的成熟市场经济阶段会计舞弊的演变与治理问题进行探讨可以看出，由于完全竞争市场的理想条件难以达到，市场失灵是不可避免的，政府监管可以有效约束公司高管的权力腐败和加强对投资者的产权保护，从而促进市场经济的健康发展，完全依赖市场力量和行业自律来防控会计舞弊是不切合实际的。市场体系的有效运作必须有一套完整的制度和规则以及执行规则的手段，而且这些制度和规则本身必须随市场的扩张和交易活动的复杂化而不断完善，即政府监管体系和法律制度必须及时随着客观社会环境的发展而变化。史实还表明，当独立审计师违背诚信原则伙同公司高管合谋进行会计舞弊时，政府监管滞后会造成资本市场基础管理失控，会加剧会计舞弊行为的发生，进而造成严重的后果。

六、中国经济转型时期会计舞弊的演变与治理

（一）中国经济转型时期会计舞弊演变的内在机理

自1978年实行改革开放政策以来，中国开始迈入由传统计划经济向社会主义市场

经济过渡的经济转型时期。中国市场经济的形成是政府主导下的强制性制度变迁过程，由于政府监管职能不完善和市场机制发育不健全，在许多领域出现了"规则断层"与制度性缺陷，整个国有企业改革的历程实质上是"高管权力不断形成、提升的过程"（卢锐，2006）。由于现代企业产权制度尚未完全建立，政企不分与产权所有者缺位，以及公司内、外部治理机制设置相对薄弱与滞后，难以对高管权力形成有效约束，导致企业"一把手"监督失控的现象普遍存在，这给高管权力舞弊提供了制度空间。加之企业伦理文化建设制度缺失（董红星，2016）、传统"官本位"与拜金主义思想等不良社会风气的推波助澜，极易使公司高管经营理念发生扭曲，导致公司高管权力寻租现象严重，资本市场虚假财务信息泛滥。

20世纪90年代初的深圳原野公司案揭开了中国上市公司财务舞弊的序幕，随后，郑百文、银广厦、博达科技、绿大地等事件，又引起了社会各界的广泛关注，会计舞弊已经成为中国经济转型时期资本市场经济犯罪的重点内容。这一阶段会计舞弊的显著特征是案件数量多、舞弊金额大、持续期间长、重复舞弊比重大，而且公司高管与独立审计师的合谋舞弊呈现蔓延趋势（雷光勇，2004）。会计舞弊的滋长蔓延动摇了社会诚信价值体系，损害了国家利益与政府形象，削弱了资本市场的资源配置功能，给中国特色社会主义市场经济的健康发展造成了很大危害。

（二）新时期会计舞弊的演变趋向和治理之道

当代中国在社会主义市场经济建设中，把防治权力腐败置于战略地位，实现了政治体制改革与经济体制改革互动，反腐倡廉工作卓有成效。目前，我国的改革开放正处于攻坚阶段，市场监管体系有待进一步健全，产权法制建设也有待继续完善，拜金主义思想等社会消极因素大量存在，可以预测在今后相当长的时期内，会计舞弊会表现出阶段性高发态势。中国共产党第十八届中央委员会第三次全体会议决定将推进国家治理体系和治理能力现代化确定为全面深化改革的总目标，治理理念逐渐上升到国家高度。基于此，本文认为在构建和谐社会的背景下，会计舞弊治理应由传统的"政府治理"模式，积极向政府、社会和市场"多元治理"模式转化，坚持相关机制相互协调、综合治理的思路，在发挥政府治理主导作用的同时，积极推进社会力量和市场力量的准入，让多元利益相关者真正参与到会计舞弊治理活动中来，构建以政府为主导、职业界为主体、各种利益相关者和社会团体共同参与的会计舞弊治理模式。具体思路在于：

首先，要坚持经济体制与政治体制双向改革，加快市场化改革进程，不断提高人民物质与精神文化水平。通过体制、机制和制度创新，针对权力环节、权力节点，以及权力网络，对权力腐败进行全方位治理。注意从管权、管钱、管人等容易产生会计舞弊的具体体制、制度和薄弱环节入手，进行相应的改革，推进"权力清单"的公布，以消除贪腐和会计舞弊滋生的温床。

其次，要大力加强诚信道德机制建设，完善失信惩戒机制，充分发挥声誉机制的约束作用，积极构筑不愿舞弊的自律机制。法治与德治相互配合是防治会计舞弊的基本方略，要树立马克思主义的权力观，从根本上端正为官理事的思想支点，通过道德诚信机制建设使职业道德规范内化为政府官员和公司高管的自觉行动，把"理性的经济人"塑造为"道德的经济人"，反对任何滥用职权和谋取私利的不正之风。

第三，要进一步改善公司治理，从加强监管力量和市场力量等方面继续推进制度建设，形成不能舞弊的防范机制。通过完善公司内、外部治理机制，对高管权力进行全面制约和系统监督，斩断高管权力腐败蔓延与衍生的路径，不给高管权力变异留下可能性空间，使高管失去实施会计舞弊的机会，减少高管进行会计舞弊的机会因子。

最后，要进一步完善产权会计法制体系建设，逐步完善实质性的投资者利益保护机制，明确国有与私有产权都是神圣不可侵犯的，以强化舞弊的惩治机制。通过完善民事赔偿和民事诉讼制度设计，加大会计舞弊执法和处罚力度，真正做到有法必依，执法必严，违法必究，提高违法者的成本和法律的震慑力，使潜在的舞弊者不敢以身试法。

七、主要研究结论

本文以会计舞弊的演变与治理为主要脉络，结合人类社会的产权制度演进与权力演化，采用辩证的方法对不同历史时期会计舞弊的演变与治理状况进行了系统梳理，所得出的主要研究结论如下：

第一，会计舞弊的形成具有历史必然性，其社会危害具有可控性。会计舞弊是随着人类社会的发展而产生的一种具有附随性的必然现象，是文明社会的必然副产品。会计舞弊的产生有着深刻的社会根源，是政治、经济和文化等诸多因素互相作用的结果。由于会计舞弊赖以发生的社会、人性以及组织根源在今后相当长的历史时期内仍将继续存在，人类目前还不能从根本上消除会计舞弊滋生的土壤。因此要树立正确的治理观，在防治会计舞弊过程中应采取积极、务实和理性的态度，尽力将其危害性控制在最小范围内。

第二，会计舞弊的手段日趋复杂和隐蔽。经济实体的舞弊属于社会性经济犯罪，其中的会计舞弊更具专业技术性特征，其隐蔽性又胜于其他舞弊手段。古代社会会计舞弊的基本手段是账簿舞弊，舞弊行为比较简单。随着公司制经济的发展，近代社会会计舞弊开始从政府部门向资本市场蔓延，公司高管主要通过编制和披露虚假财务信息来侵害公私产权，其投机性进一步加大。现代社会知识经济的发展为权力腐败提供了更大空间，公司高管开始通过财务和组织创新来粉饰经营业绩，并与独立审计师合谋进行会计舞弊。由于会计舞弊合谋具有相对的隐蔽性，增加了治理的难度，人类防治会计舞弊的斗争日趋复杂化。

第三，治理会计舞弊的主体渐趋多元化，会计舞弊治理模式渐趋完善。会计舞弊治理是一项复杂和艰巨的社会工程，不同历史阶段的会计舞弊治理参与主体、治理模式与当时的经济基础、社会结构和社会意识形态息息相关。人类社会经历了从"政府治理"到"二元治理"，再到"多元治理"的会计舞弊治理模式，其共同点在于政府与社会力量合作应对会计舞弊，不同之处在于各类产权主体在不同治理模式中发挥的作用是不同的。只有当多种治理手段形成一个和谐的整体时，会计舞弊才能在总体上处于可控状态，并保持在不足以危害基本社会秩序的范围内。

第四，治理会计舞弊的关键在于防治权力腐败和强化产权保护。权力与产权的结合会产生复杂的利益关系，在私有观念支配下，贪欲使得道德准则沦丧，权力与产权的结合便易于发生权力腐败。会计舞弊是权力腐败在会计领域的集中表现和基础环节，欲防治会计舞弊等腐败行为，最根本的便是对权力进行有效约束，以切断权力与利益关系形成的联结，把权力关进制度的笼子，使权力的网络时刻处于法制的监管之下，并通过不断完善多重产权保护机制和建立相互协调的综合治理机制，让多元利益相关者真正参与到会计舞弊治理中来。

主要参考文献

阿道夫·A. 伯利，加德纳·C. 米恩斯. 2005. 现代公司与私有财产. 北京：商务印书馆，309。
班固. 汉书. 郑州：中州古籍出版社，46—249。
陈锋. 2001. 中国经济与社会史评论. 北京：中国社会科学出版社，356。
道格拉斯·诺斯，罗伯斯·托马斯. 2009. 西方世界的兴起. 北京：华夏出版社，序言。
董红星. 2016. 财务报告舞弊的组织伦理学分析. 会计研究，9：11—16。
费正清. 2002. 中国——传统与变迁. 北京：世界知识出版社，81。
郭道扬. 2004. 会计史研究（第1卷）. 北京：中国财政经济出版社，45—48。
郭道扬. 2004. 会计史研究（第2卷）. 北京：中国财政经济出版社，目录。
郭艳茹. 2008. 经济史中的国家组织结构变迁——以明清王朝为例. 北京：中国财政经济出版社，58—59。
雷光勇. 2004. 审计合谋与财务报告舞弊：共生与治理. 管理世界，2：97—103。
卢锐. 2006. 管理层权力与薪酬激励——来自中国上市公司的经验证据. 中国会计学会2006学术年会论文集（中），1349—1372。
马克·J. 洛. 1999. 强管理者，弱所有者——美国公司财务的政治根源. 上海：上海远东出版社，5。
毛佩琦，张自成. 1994. 中国明代政治史. 北京：人民出版社，32。

王春瑜. 2007. 中国反贪史（上）. 成都：四川人民出版社，24。
伍中信，曹越. 2007. 产权保护、"三域秩序"与审计信息真实性. 会计研究，12：82—87。
张晋藩. 1999. 中国法制通史（第8卷）. 北京：法律出版社，384。
赵国宇，王善平. 2009. 审计合谋的特征变量、预警模型及其效果研究. 会计研究，6：73—80。
左丘明. 2001. 左传. 长沙：岳麓书社，235。
Nichols. D. R., & K. H, Price. 1976. The auditor – firm conflict: an analysis using concepts of exchange theory. *Accounting Review*, 51（2）：335–346.

Power Constraint, Property Protection and the Evolution of Accounting Fraud Governance

Suikun Wang

Abstract: The paper systematically explains the evolution and governance of accounting fraud from a historical perspective, with aim to reveal the law of evolution and governance of accounting fraud. The emergence of accounting fraud has profound political, economic and cultural roots, and it is the concentrated expression of power corruption in the accounting field. Accounting is the product of the evolution of property rights structure, but accounting fraud can infringe government and private property, and even lead to serious economic and social crisis. The formation of accounting fraud has historical inevitability, and its social harm is controllable. The key factors of govern accounting fraud are improving power constraint mechanism and property protection system, so the link between power and interest can be cut off. Through consummates the property right protection mechanism and establishes the effective comprehensive control mechanism, and let multiple stakeholders participate in the governance of accounting fraud.

Keywords: Accounting fraud; Power constraint; Property protection; Accounting history

《会计论坛》撰稿须知

《会计论坛》是由中南财经政法大学会计研究所主办的会计类专业学术理论出版物,于2002年5月创立,主要刊载会计、财务与审计领域里的最新理论研究成果,同时也兼顾实务性的有价值的研究成果,热忱欢迎国内外作者赐稿。为方便作者撰稿,特做如下约定:

1. 来稿要求。来稿须观点鲜明,主题突出。适用的文章大致有以下三个方面的基本要求:第一是学术性,即要有新观点、新思路、新方法和新资料的学术性文章;第二是思想性,即要有一定理论水平和思辨性强的评论性文章;第三是前沿性与导向性,即要能够充分关注和反映会计学界最前沿的理论动态和信息,如介绍和宣传会计学界较有影响的科研学术信息和观点综述以及会计领域某一学科的发展研究报告等。

2. 来稿篇幅。来稿请用A4纸打印。学术论文一般控制在15000字左右(含注释与参考资料)。

3. 来稿信息。应包括两个方面的内容:

(1)基本信息。含作者署名、工作单位、作者简况(姓名、出生年月、籍贯、学位、职称、现工作单位、主要职衔、主要研究方向和主要科研成果等重要信息)、通讯地址、电话、传真、电子信箱等,若系基金资助项目,请注明项目的名称、来源与编号,用单独一页纸打印,以便进行编辑。

(2)学术论文。应包括以下8个方面的内容:

①论文标题(不超过20个汉字,中、英文)。

②作者署名(中、英文)。

③论文摘要(300字以内,中、英文)。

④关键词(3~8个,中、英文)。

⑤正文。采用文科编排规范,其一级标题标号为一、二、……(题尾无标点符号,排单行),二级标题标号为(一)(二)……(题尾无标点符号,排单行),三级标题标号为1. 2.……(题尾列句号,文字接排),四级标题标号为(1)(2)……(题尾列句号,文字接排)。文中图、表和公式均用阿拉伯数字连续编号,如图1、图2和表1、表2,以及式1、式2等。图和表应有简短确切的题名,图号图名应置于图下,表名表号置于表上,公式号置于右侧。

⑥附注。采用脚注形式,每页重新编号,编号顺序请运用Word 2003以上版本的自动生成方式。

⑦参考文献。请列于文末,具体要求如下:

A. 列示范围。仅限于作者直接阅读过的、引用在论文中的最主要的文献。

B. 引用方式。论文中引用参考文献的,应使用"著者—出版年制",如"会计法律制度体系建立问题绝非一个单粹孤立起来从会计职业或专业本身所考虑与设计的问题"(郭道扬,2001)。对于在论文中所提及的参考文献,应当与所列的中外参考文献表一一对应。

C. 列示顺序。基本要求为中文在前,英文在后,中文文献按第一作者姓氏的拼音为序排列,英文及其他西文文献按第一作者姓氏的字母顺序排列,第一作者相同的文献按发表的先后时间顺序排列,同一作者同一年份内的文献多于1篇时,可在年份后加a,b等字母加以区别,如1999a、1999b等。

D. 排列格式。基本要求如下：

期刊：著者. 出版年. 题（篇）名. 刊名，卷（期）：页次.

书籍：著者. 出版年. 书名. 版本. 出版地：出版者，页次.

论文集：著者. 出版年. 题（篇）名. 见（in）：论文集编者. 文集名. 出版地：出版者，页次.

⑧鸣谢及其他信息。主要是表达对论文形成过程相关支持者的感谢及其他信息。基金课题项目来源、项目的全部准确名称及课题批准号。

4. 来稿采用。来稿经采用后，将酌付稿酬，并赠样书两本。为适应我国信息化建设，扩大与作者知识信息交流渠道，本书已被CNKI中国期刊全文数据库、万方数据、维普数据和超星数据等全文数据库收录，其作者文章著作权使用费与稿酬一次性给付。作者提交文章发表的行为即视为同意上述声明。

5. 收稿地址。湖北省武汉市东湖高新技术开发区南湖大道182号，中南财经政法大学会计学院（南湖校区文泉楼A607室）《会计论坛》编辑部；邮政编码：430073；欢迎用电子信箱投稿，电子信箱：kjltzuel@foxmail.com。